リスペクト!

自分も他人も大切にする生き方24話

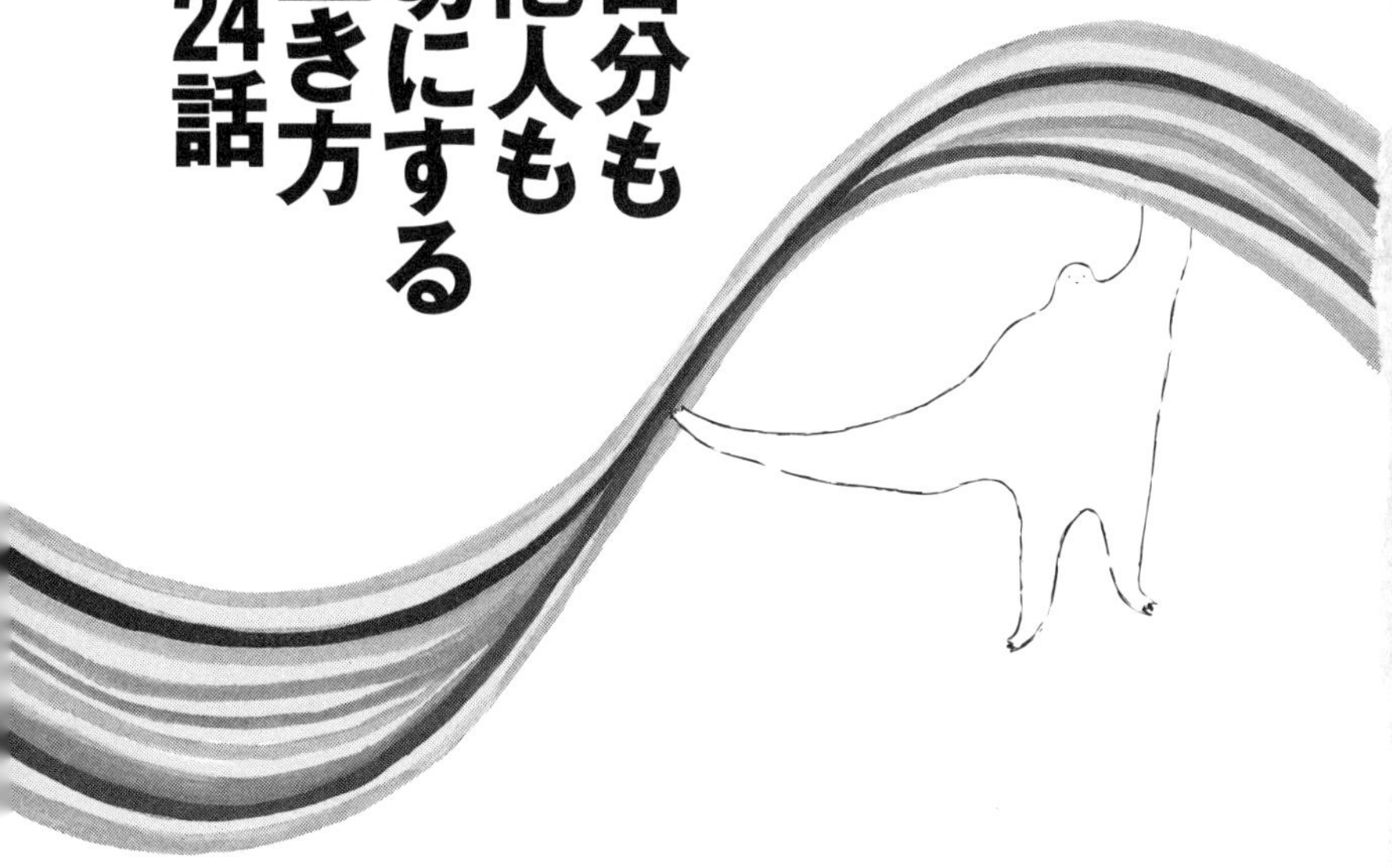

心理学・医学博士 David Seabury
デヴィッド・シーベリー
訳＝菅原明子

SEIKO SHOBO

The Art of Selfishness
By David Seabury

■訳者まえがき

ロンドンで見つけた「奇跡の本」

なぜ私はこの本をあなたに薦めるのか

■

ある春の日の午後でした。私の友人の一人が、息せき切ったようすで電話を掛けてきました。

「菅原さん、とっても素敵な本を見つけました。ぜひ読んでいただきいので、今からお届けします」

彼はいわゆる〝本の虫〟で、日本国内はもとより、出張で出掛けた欧米の都市でも古書店めぐりを無上の喜びとしている人物です。その数週間前にもロンドンで、かの有名なチャリングクロス街で段ボールにいっぱいの本を買い込み、ようやく届いた包みのなかでも特に気に入った本を私に読ませたいというのです。

そしてその本こそが、こうして今、あなたが手にしてくださっている翻訳書の原書、*The Art of Selfishness* だったのです。原題を直訳すれば、『利己的に生きる技術』とでもいったところです。しかし読み進むうちに、このタイトルは著者シーベリー博士一流の逆説のユーモアであり、本質はもっと違う部分、いわば「自分と他人を同時に大切にする方法」だということに私は気づきました。そして著者が「敬意」や「尊重」と記述している箇所を「リスペクト」という単語に置き換えてみると、それまで以上に鮮明に、著者の言わんとする趣旨が胸に迫ってくるのを感じました。リスペクトとは尊敬や敬意の意ですが、最近日本でも世代を超えて使われるようになった言葉です。私はこのリスペクトを、人間どうしが必ず持ち合わなければならない、ごくごく基本的な感情だと解釈しています。

読了した私は、この本をなんとしても日本の読者に紹介したいという強い思いに駆られました。翻訳書を刊行できるように知己の出版社を説得しました。この内容は絶対に発表する必要があるし、現代の日本人にとってこそ役に立つと思ったからです。

本書の初版は一九三七年にアメリカ合衆国で出版されました。たちまちにして評判が評判を呼び、ニューヨークタイムズでベストセラーの第一位にランクされました。その後も新版や改訂版が刊行されるなど、数多くの人びとに読みつがれて驚くべき長寿を保っているのです。まさにそれは、「奇跡」と呼んでも過言ではありません。

初期の書評のひとつに、マサチューセッツのスプリングフィールドユニオン紙に掲載されたものがあります。当時としてはまったく驚くべき評価です。「神を冒涜《ぼうとく》するように聞こえるかもしれないが、本書は読者によっては〝聖書よりも役に立つ〟かもしれない。とりわけ人間関係の不和に悩む読者には有益だろう。臨床心理学者として手がけた膨大な数の症例から、シーベリー博士は、良識的であると同時に論理的な生き方の理論に到達した」

■

価値観が多様化し、さまざまな思いを抱く人びとが暮らす現代の日本では、まず人間関係の問題を理解しなければ、何も克服することはできません。

シーベリー博士は本書でこう説明しています。「それはすなわち、二つの大原則を理解してそれに従い、日常生活に適用する」ことだというのです。

第一の原則はシーベリー博士が「**存在の基本原則**」と呼んでいるもので、第二の原則は「**人間関係の魔法の公式**」です。

「基本原則」は、「自分を曲げてはいけない」という言葉に言い換えることができます。どんな状況であろうと、どんなにさし迫った問題であろうと、自分をリスペクト（セルフ・リスペクト）するのをやめてはいけません。それをやめたら、もっと悲しむことになり、結局は周囲のみんなを傷つけてしまいます。

「魔法の公式」は、「エゴ満足はダメ」という原則でもあります。過度にうぬぼれたり、瞬間の感情をぶちまけて気持ちを高ぶらせたり、人生に対して尊大になったりしてはいけません。人生という長い闘いに勝利するためにはまず、自然に従わなければならないのです。全能なのは自然の意志であって、あなたの意志ではありません。

私はこの考え方がとても気に入りました。そしてそのとき以来、すべての行動を必ずある基準によって判断することにしました。「これは、自分にとってよいことか？」という基準です。もしその基準にそっているなら、たとえ他人がどう思おうと、何を言おうと、それをします。もしその基準にそっていなければ、しないだけです。「ノー」という単語や「私はしません」という言葉は、人生の武器庫にあるすばらしい武器です。

それでは、利己心……相手の利己心の問題に対処するためのマニュアル、さらには、自他へのリスペクトを心の中に育てるマニュアルをお届けしましょう。彼らが利己心と呼んでいるものは、本当は彼ら自身のもので、あなたの利己心ではありません。そのことがわかれば、混乱のない喜びにあふれた人生はもうすぐ手の届くところまで来ています。

本書を日本の皆さんにお届けすることが出来て、心の底から嬉しく思います。ロンドンの古書店で見つけた「奇跡の本」が、私と同様に、あなたの人生にとっても大きな糧《かて》となることを願っています。

二〇〇六年一一月

菅原明子《すがはらあきこ》

■翻訳協力———上原ゆうこ
■装幀———フロッグキングスタジオ
■イラスト———小玉聖来

The Art of Selfishness
by David Seabury
Originally publishd by Julian Messner Inc, New York in 1937.
Japanese edition published by Seiko-Shobo Inc,
under the Berne Convention for the protection of literary and artistic works.

リスペクト！

自分も他人も大切にする生き方24話

第1話

リスペクトは魔法の力

あるビジネスウーマンのレッスン

■

若いビジネスウーマンが診察室に座っていました。ピリピリして疲れている様子です。

経験豊かな女医は、まるで何を言えば効果があるかを探し出すかのように、時間をかけてしっかりと彼女を観察しました。そして満足した様子で微笑みました。

「あなたには、お休みをとっていただきたいですね」医師は優しく言いました。

「お休みですって！　なぜですか？　そんなことできません」ビジネスウーマンが悲鳴を上げました。「会社が休ませてくれません。それにお金がないから、どこにも行けません」

医師はうなずきました。

「そうですか。でも、私が言っているのは、そんな気分転換での休暇ではないのですよ。あなたには、女性であることを休んでほしいのです。あなたは秘書をしている上司の重荷を背負って、一日中あくせく働いているのですから。あなたは上司の男性特有のエゴの重圧に耐えています。そして自分のマンションの掃除をして、食事のしたくをし、洗濯してアイロンをかける。そして彼氏が会いにきたら特別なごちそうを料理して、楽しく過ごしてもらおうと限りなく気をつかうといったこともしながらね」

「だって、男の人はそれが好きなんですもの！」

「そうだってことは知っていますよ」医師は同意しました。「私も女性ですからね。ですが、若い男の人はどうしていますか？　上司から無数のこまごましたことを押しつけられるままにしていますか？　自分の食事を料理して、服を洗濯して、部屋を掃除して、そして何より、翌日の夕方にあなたをもてなすことができるように、真夜中過ぎまで働きますか？」

「男の人はそんなことしないでしょうね」

「もちろん、しないでしょう。それは女性のやり方ですから。というわけで、あなたに女性でいることを休んでほしいのです。何かをしたくなったら、若い男の人ならどうするだろうと考えてみて、もし男の人がそれをしないのなら、あなたもしないことです」

このちょっとした物語《ストーリー》は、ある雑誌に載っていたものです。記事を書いた女性医師ファニー・キルボーンには、数多くの女性たちから便りが寄せられました。女性たちは彼女に感謝の言葉を浴びせ、大勢の人がこの賢い行動を実行したときにどんなことが起きたかを報告しました。

もし私が、若い女性が知っておくべきことについての本を書いているのだったら、このよく出来た物語をそのまま引用させてもらうよう頼んでいたでしょう。これは、あらゆるオフィスや家庭で読まれるべき話です。キルボーン医師が書いた物語では、主人公の女性は、ボーイフレンドが彼女の料理を食べるためにだけに会いに来ていたことや、上司は有能な彼女のおかげでなんとか地位を保っていたことを知ります。主人公は、自分を守るようになったおかげで昇進し、別の男性の愛を勝ち取ることもできます。

要するに、この話の主人公は、医師から助言を受けるまでは自分自身を曲げていて、そうすることによって健康を損ねていたのです。彼女が成功したのは、不当に利用され続けることを拒否したからです。しかし彼女が新たに得た考えは、単なるエゴの満足でも、他人を自分の意図する方へ曲げたいという願望でもありませんでした。彼女は単に、正当なリスペクトを要求し、いまだに女性が受け入れるかぎり無理を押しつけようとする社会に異議を唱えたのです。

フランスの医師ピエール・ジャネットは、女性がこれまであまり名声や地位を得てこなかったのは、無数の不必要な仕事に精神的なエネルギーを浪費していたからだと言っています。女性は男性以上に、自分を大切にする生き方を学ぶ必要があります。

現代の起業家の多くが仕事に没頭するのと、ちょっと比べてみてください。彼らにとって仕事は神への信仰と同じです。彼らが崇拝する行動に、ほかの人も参加しなければなりません。社員はもちろん、家族や友人もです。さもなければ事業は成功しません。

作家が本の執筆に打ち込むときの没頭度を考えてみてください。インスピレーションが続く間は、誰も書くのを邪魔することは許されません。懸命の努力の前には人生も屈するはずです。

あるいは、トルストイやワーグナー、ゲーテ、ロダンのような人たちが非凡な才能に一心に打ち込んだことを考えてみてください。誰も創作の邪魔することは許されません。まわりの人は奉仕させられます。それらがなくて、偉大な音楽、文学、美術作品が生まれていたでしょうか?

何かに身を捧げているとき、誰でも一心にそれに打ち込む権利があります。成功することを恐れる必要はありません。目標が達成できそうになると、きまって逃げ出す人がいます。そういう人は、権力や成功が何か罪深いものとでも思っているようで、知らず知らずのうちに失敗と善良さを結びつけているのです。

あえて自己主張をしない男性、女性的な魅力をわざと表に出さない女性がいます。他人を思いやる人間はそのような行為をしないものだと教えられているからです。それでは私たちは、美徳の名のもとに、魅力のない女性や臆病な男性と一緒に暮らさなければならないのでしょうか?

リスペクトの基本的な精神では、魅力を表に出し、パーソナリティを開発すべきだと考えます。そうすることで、人間関係の技術、つまり興味をそそる生き物でいる技を身につけるのです。そういった望ましいものを手に入れるために、「人を引きつける磁力」「心を捉える方法」「みんなの注意を引きつける方法」「誘い込むような目にするには」「無敵のパーソナリティの獲得」といった、中身のないバカげたセミナーを受ける必要はありません。

その人がすすめた商品を誰もが買ってしまうような魅力について、世間ではデタラメが山ほど言われています。しかし、口のうまい人間が先に使ったからといって、私たちが勝利の方法を放棄する必要はないはずです。

現代ほど、「〜する方法」を教える商売が盛んな時代はありません。ビジネスのために感情に訴えて人を引きつけようとする人たちがいることは承知していますが、それでもやはり人を引きつける力というものは、幸福になるためには不可欠です。自分でしなければ、誰もあなたのパーソナリティを開発してはくれません。誰も、あなたが他人に応じてもらったり認めてもらったりできるように助けてはくれないでしょう。訓練することによってのみ、この高度なリスペクトの達人になれるのです。相手の心を動かす方法を知っていれば、人は注意を向けてくれます。

これはマスターできない技術ではありません。ひっそりと暮らしている人はみな孤独で、ロマンティックな欲求を慰めてくれるものを切望しています。性的魅力について神秘はありません。安全を求めようとしない人も、衣食住に関連した言動に反応しない人もいません。人は居場所を求めていて、社会に自分の場所を得るのを助けてくれる人、気安くできる範囲を広げて適応するのを手伝ってくれる人に従います。

自由はみんなが求めています。一例を挙げれば、お金はあなたに自由をもたらすものです。お金だけではありません。そんな自由を手に入れる方法が明かされたとき、教えてくれた人との結びつきができます。私たちはどんなに小さなことでも、それが言葉や態度の中に感じられるだけであっても、その人に感謝せずにはいられません。喜びをもたらし、リラックスするのを助け、慰めをくれるなら、その人に好感をもちます。もしその人とのつき合いが安心感を与え、危険を避けるのを助ける一方で、興奮と高揚をもたらすなら、親友にします。彼や彼女は、私たちが本来の自分になり、自分自身を表現するのを助けてくれたからです。

こういったものを出会った人に与えようと気にかける人は、不動の愛によって支持されることになります。そして、すべてを手に入れ、それでも誰からも何も奪わないという魔法が起こります。そういうわけで、このようなリスペクトには魔法の力があるのです。

第2話

生きることの重圧

重荷から解放されることのない夫婦、途方に暮れる

■

苦しいことが次から次へと押し寄せてくるとき、決まりきった一日の終わりに人生を苦々しい思いで振り返るとき、人がどんな気持ちになるか、あなたもご存じでしょう。

頑張ろうにも、その単調さに圧倒されてしまうのです。

それは七月も終わろうとする、むし暑い日でした。堤防の突端で川が二つに別れ

ています。くすんだ赤レンガ、継ぎはぎだらけですすけたレンガが、ハル・デバーの視界の半分を占めています。左側では、日の光が水面にきらめき、川向こうの丘を照らしています。右側は薄暗く、さびれています。

「自分の人生もこの風景に似ている、ただし都会の単調さが半分以上を占めているが……」とハルは思いました。彼の目に映る景色は、何本かの木と少しばかりの空という自然がいくらか残ってはいますが、あとは単調さとコンクリートだけです。

ぞっとするのは、仕事の不快さではありません。たしかに仕事は退屈でしたが、実のところ、それには耐えられました。しかし家族を背負い、重圧から解放されることがないのは別でした。彼はそれを何年もの間とても辛抱強くやってきましたが、日ましに重荷は増すばかりでした。

娘のネリーは、どうやら母親とけんかしたようです。父親を味方につけて母親に対抗しようと、玄関先で待っています。息子のジャックが学校の勉強がわからなければ、教えてやらなければなりません。年老いた母親は、以前からはっきり言っていました。息子のおまえと母親の私とは一心同体で、何があろうと母親のために生きなければならないのだと。

ハルはネクタイを直し、机の引き出しを閉めました。さあ、もう行かなければ。こんな景色を見ていてもしかたがありません。今夜も家族が待っているはずです。仕事が終わるまでにはまだ何時間もあります。彼は書類をわしづかみにしました。ソーセージの広告、市販薬の広告、化粧品のレイアウトにお菓子のキャッチコピー。何年ものあいだ彼がつき合ってきた仕事です。

目ににじんだ涙を恥ずかしく思いながら、ハルはエレベーターへと急ぎました。子供のときからずっと、彼の人生にはどこか具合の悪いところがありました。いくら努力しても、緊張から脱することができませんでした。みんなのために精一杯やっているのに、満足してもらえませんでした。彼はみんなにとっての雑用係で、決して同等の人間ではなく、友人であることもめったにありませんでした。

ハルは子供のころ、画家になって、限りなく広がる空と、もの思いにふけっているような木々を描くのが夢でした。心に浮かぶ美しい色で、せっせと筆を染めたものです。頭の中では、調和のとれた美が活発に動き回っていました。彼はキャンバスを、人を単調な道から誘い出すメッセージとみなしていました。

何年かたち、ある娘と恋をして、そして結婚式をあげました。画家は姿を消して広告業界のビジネスマンとなり、自分の才能を切り売りして、家賃、皿、タマネギ、新しい帽子、生まれてくる赤ん坊の費用を払いました。彼は、自分の人生を侵す無数のものと闘い、置かれた状況について悶々《もんもん》としながら、懸命に重圧に耐えました。

かつては率直で明晰《めいせき》だった思考が、まわりくどくひねくれたものになりました。ベッドに横になって、うまく処理することのできない問題のことを考えていると、頭がくらくらしてくることがありました。自分自身のこと、仕事、結婚、何もかもからみあった網の中で身動きできなくなっていました。

しかし、そういった要素だけが彼の心を麻痺させたわけではありません。病的な鬱々《うつうつ》とした苦悩で頭が働かなくなったのです。彼は、このように無意味に人生が過ぎていくことに、激しい怒りを感じていました。自分は八〇歳になっても、同じ重荷を背負っているのだろうと思ったのです。

クリエイティヴな人だけがハルのような状態になるわけではありません。人生がその犠牲者として理想主義者だけを選ぶわけではなく、社会が彼らを滅ぼしたがるのです。

苦しむのは男性だけではありません。男性が稼いで女性がその収入にしがみついているときでさえ、運命は女性を奴隷にします。女性は自分が何にうんざりしているのかを知っています。経済的な安定のために男性と一緒にいることの問題は、それだけではすみません。夫婦の絆《きずな》がわずかな幸福をもたらす時期があるとしても、その一方で精神の維持費は大きいのです。

ハルの妻の場合もそうでした。妻のメグは、家計を切り盛りして一セントも無駄にしないよう、頭も手もいろいろ使わなければなりませんでしたし、無数にある家の中のこまごまとしたことを片付けたうえに、夫や小さな子供たちの面倒もみなければなりませんでした。彼女の厄介ごとは、それほどめまぐるしく生活していない普通の人の五人分はありました。

メグが自分より大きな重荷を負っているという考えがハルの頭に浮かぶことは、めったにありませんでした。自分が妻の生計を支えてきたのではないか。妻は家にいて保護され、〝自分の時間を好きなように使う〟自由があるではないか。そんなふうに思っていたのです。

このような状況では、どちらの側ともつき合ってよく知ることができる立場にある人だけが、本当のことを理解できます。ハルとあなたがとても親しい間柄で、彼が自分のことをあなたに打ち明けたいと思ったとします。彼に、妻が感じているストレスが想像できるでしょうか。自分のことだけを話すのではありませんか？　メグがあなたの友人で、いつものように気が滅入ったときに、自分の果てしない厄介ごとについて語ったとしましょう。それを聞いて、ハルがどんなにか苦しんでいるだろう、などと思うでしょうか？　二人ともそれぞれ自分は理解されていないと訴えるでしょう。

二人にはあまりに多くが要求されています。二人とも自由がありません。ちょっとしたゲーム、ダンス、たまの映画、それがすべてです。二人の間に、心の通じ合いはほとんどありません。義務に縛りつけられているのです。

仕事の奴隷だと感じているハルは、妻の浪費と気位の高さ、彼女が反抗的な子供たちをどんなに甘やかし、その一方でハルを尻に敷いているかを話すでしょう。妻がいつもは自分を自由にさせてくれないくせに、けんかのあとでは自分を無視するのに彼は我慢できません。ハルは、妻はきっともう自分のことを愛してはいないのだと思っていました。このまま結婚生活を続けてもうまくいきそうにはありませんでした。
メグはメグでは、働きすぎで、いろんな不便なことに悩まされていて、近所づき合いが耐えられないと話すでしょう。彼女はむなしさを感じていました。彼女の人間、人生、信仰に対する信頼は消えうせていました。

この話は誇張でしょうか？　そうではないということを、あなたも知っているはずです。同じようなことがあなたの隣人、友人、もしかしたらあなた自身の家庭にも起こっているかもしれません。それが現代人の生活なのです。少なくとも、そのかなりの部分は。

感情的な人には見えないし、なんとなく見ているだけの人にはわからないかもしれませんが、物事の核心に触れることのできる人は、こういったことがあることを知っています。

では原因は何でしょう？　それは恐れです！　利己的になることへの恐れ。相手と自分をリスペクトすることへの恐れ。自分の本来の性質に従って生きることへの恐れ。自己、愛、人生についての妥協です。

ハルは自分の努力の多くが〝意味がない〟と思い、メグは二人が払った犠牲がムダになったと感じていました。娘のネリーは、二人がどんなに犠牲を払っても、強くもよくもなりませんでした。メグも、ハルの母親の嫉妬に耐えましたが、苦しんだだけで、どうにもなりませんでした。この二人が頼みにしていた土台が、崩れ落ちようとしていました。

私たちが尊んできた模範的な生き方での失敗、誤った倫理を前にしての絶望、こういったことが、あらゆる家庭に不幸を広めています。利己的であってはならないという考えに基づいた義務の重荷が、世界を破壊しています。人びとが次のようなことをするのは、そのせいです。

＊性に合わない仕事をする。
＊傷つけるのを恐れて、愛してはいない人と結婚する。
＊やめるのがひどいことのように思えて、耐えられない人間関係を続ける。
＊たいして役に立たないのに将来を縛られるような責任をひきうける。
＊誰かにぜいたくな暮らしをさせるため、自分の実力以上に働く。

*自分で自分の面倒をみることができる人の世話をひきうける。

*夫や妻がガミガミ小言を言ったり支配的な態度をとっても、平和を保つために我慢する。

*自分がそれをすべきだと思われているという理由で、意に反して事を行う。

*基本的欲求を否定して昔ながらの因習に従う。


もし私たちがこういった臆病さに屈するなら、結局、望みどおりにしたときより、ずっと後悔することになります。自己に対する不安は、あらゆる恐怖のうちでもっとも大きく、もっとも深く、もっともよくある過ちです。そして失敗をもたらします。そのせいで人生はごまかしになります。そこから生まれるのは絶望です。あなたの幸福にとってこれほど重要なことはありません。境遇という牢を破って出るためには、勇気を持たなければなりません。しかしお互いを理解することも必要です。

この新しい自由は、過激なものではありません。貪欲、欲望、情欲のままに振舞うことを勧めているわけでもありません。今の時代の狂乱を正当化しているのでもありません。よその庭の花を踏みにじり、人の車を走らせて溝にはめ、感傷的だといって人をばかにするような、今日、若者によく見られる野蛮で粗暴な行いを弁護するつもりもありません。

今日横行しているエゴイズムは、望ましい道徳の結果として生まれたものではありません。それは、まったくコントロールされないことから生まれます。

若者は、年長者のしなびた価値観に対して反抗してきました。それは多くの場合、気ままに旅に出ることだったり、異性にのぼせることだったり、愚かな無関心だったりします。やりたい放題の傲慢《ごうまん》さや欲望のままの反抗心を持っていては、前向きなリスペクトは生まれないのです。

■

第3話

人生をやり直す勇気をもとう

失敗するように教え込まれたピーター・コー

■

数年前、ある男性と話したときのことです。
ここではピーター・コーと呼ぶことにしましょう。
座って話す私たちの前に、ロッキーの山並みが広がっていました。
空には雲が浮かび、燦々《さんさん》と輝いていました。

コーが感慨深げに言いました。

「不思議なものですよ。私は実のところ、失敗者になるよう教え込まれたのです。私のような人間は珍しくはないと思います。結果としてうまくいったということを除いてはね」

「失敗するように教え込まれたというと？」私は尋ねました。

「自分自身を疑い、さらには自分自身を恐れるように育てられたのです。それは子供の頃に始まりました。両親は兄のパーシーをかわいがりました。兄はなんでも自分の思い通りになるまで譲らない、そんな連中の一人でした。わたしはいつも彼の犠牲にされました。あれもパーシー、これもパーシーって。私はそれに従うことが自分の義務だと思い込みました。兄は大学に行ったのに、私は家で働きました。はじめて好きな女の子ができたとき、私は恥ずかしがり屋で自信がありませんでした。恋に落ちましたが、母はヘレンを気に入りませんでした。母は私に、母と一緒に住むのが私の義務だと言いました。父は具合が悪く、まもなく亡くなりました。

数年後、母は気を変え、私は結婚すべきだと考えました。母は古くからの友人の娘を選びました。私は最初、嫌だと言いました。アグネスは申し分ない娘でしたが、私は彼女を愛していなかったのです。

母は泣いて言いました。とてもよい縁談だし、彼女も喜ぶだろうと。おまけにアグネスの母親は、当時私が管理していた父の商売に出資していたので、結婚すれば家族の収入が増えるはずでした。結局、いつものように私は折れました。そうしないと身勝手のような気がしたのです」

「でも、奥さんはあなたを愛していたのでしょ？」私は尋ねました。

「愛していましたとも！　ほかに選択肢はなかったのです。私が母に従っていたのと同じように、妻も自分の母親に従っていました。そして、どんなに私が彼女を嫌っていたか」

「奥さんをですか？」

「いいえ、義理の母を。義母は毎日アグネスに、彼女を産むために自分がどんなに苦しんだか話したものです。それは作り話で、彼女も承知のうえでした。たいていの子供は、愛し愛される生活の結果として生まれるのであって、鼻持ちならない高潔さから生まれるのではありません。そしていずれにしても、かわいそうな子供はそれについて何も言えないのです。義母のような気位の高い女性には、何かぞっとするようなところがあります。どういうことかわかるでしょ？　そういった人たちは、自分は何も手際よくできないと自己否定をするのです。

義母は自己犠牲についてよく話しましたが、彼女は骨の髄までエゴイストでした。そうなるしかなかったのですが、とても依存的でした。彼女は、上の子供たちの人生を台無しにしました。自分の所有欲で子供たちをダメにして、しまいには一人は肺炎で死に、もう一人はかろうじて自分の生活費を稼いでいますが、他人の言うことをそのまま繰り返す連中の一人です。しかし義母はアグネスに自分のために犠牲になるよう要求し、アグネスがしたのは、私にそれをさせることでした。女性たちは私のために家事を切り盛りしました」

「運命の三女神。ギリシャ神話でしたか……」私はつぶやきました。

「いいえ、違うのです。それが、彼女たちが自分はそういう人間だと考え、そうなろうとしたものです。しかし人生は、彼女たちが思っていたようなものではありませんでした。ご存じでしょうが、人間には回復力とか抵抗力とかいったものがあって、つらい運命だと思うときでも運命が優しくしてくれることがよくあります。

いずれにしても、私は立派だと思うが愛してはいない妻と、尊重するが好きではない家庭で、尊敬するがひそかに憎んでいる二人の母と一緒に暮らしました。家業を継ぎましたが、私はそれにはまったく向いていませんでした。すべては義務の名のもとに行われたことです。ああ、なんと忌まわしい言葉でしょう。義務！　義務というものはほとんどが、あらゆる美しいものへの冒涜《ぼうとく》です」

　私はうなずいて言いました。

「そんなものは義務ではなく、無知から生まれる迷信にすぎません」

「私たちがそれを信じているかぎり、義務も迷信も同じように破壊的です。しかし、運命は私に微笑みました。私の経営のまずさから、商売は失敗しました。私たちはほとんど無一文になりました。私は病気をわずらい、危うく死ぬところでした。遠い親戚がコロラドにある牧場のコテージを提供してくれて、私は一人でそこへ行きました。回復するまでに五年かかりました。妻と母たちは仕事に出なければなりませんでした。そしてそれが救いとなりました。世間に出て人びとに会い、二人が恋に落ちたのです」

「どの二人ですか？」私は尋ねました。

「妻と私の母です」彼はクスクス笑いました。「はい。私の妻と私の母です。アグネスの恋が始まったのは、私がいなくなって三年たったときでしたが、それほど急速に進展したわけではありません。妻は離婚したいと書いてきました。そしたら私はよくなり始めました。翌年には母が、自分にも男の人ができたと書いてきました。そのとき以降どんなに急速に回復したか、われながら驚くほどです。その後は、私には帰る理由がなかったので、大陸のあちらとこちらに離れていることにしました。

肝心な点はこうです。もし自然の摂理で、私が仕事に向いていないせいで商売に失敗し病気になっていなかったら、最初から最後まで間違った状況で我慢し続けるのが自分の義務だと思っていたでしょう。そんな考え方からは、いいことは一つも生まれません。惨《みじ》めになるだけだったでしょう。兄は甘やかされたせいでダメになってしまいました。彼は遊び好きな仲間と交わるようになり、酒を始め、最後にはドラッグに手を出しました。彼は自分を抑制しなければならない経験をしたことがなかったのです。そして、私がアグネスと結婚したために両家に起こった苦しみを見てください。自分の意に反することを行えば、結局は苦難をもたらすことになるのです」

「どうすべきだったというのですか?」私は尋ねました。

「まず、両親が私を兄の奴隷にしようとするたびに、抵抗すべきでした。第二に、嫌いな父の仕事を継ぐのを断るべきでした。第三に、自分に必要な教育を受けるために家を出るべきでした。今私はコマーシャル・デザイナーをしていますが、もし美術学校へ行っていたら、もっといいデザイナーになれていたかもしれません。第四に、いくら母が騒ぎたてても、アグネスと結婚すべきではありませんでした。第五に、若い頃ずっと好きだったヘレンと結婚すべきでした。家に来て妻に会ってやっていただけませんか？　今はヘレンが妻なのです」

私は彼の家を訪問し、長い長い旅の末にようやく手に入れた喜び、今度ばかりは幸せな結婚生活を見届けたのです。

■

第4話
本来の自分であるために
女性歌手ジェーン、妊娠する

■

ジェーンは妊娠していました。間違いありません。彼女はひどい不安に襲われました。

闇の中に何かが立っていて、自分を脅しているような気がするのです。指が伸びてきて喉をつかむのを感じます。息ができません。吐き気、それから寒気が押し寄せてきます。なんとかしなければ……。

彼女は一時間ほどじっと座って考えていました。猫のスイヴィーが立ち上がって伸びをしました。窓に雪がパラパラと降りかかっています。誰かが炉をゆする音が聞こえます。彼女は妊娠していました。妊娠……。どうすればいいのでしょう。

子供が欲しくないわけではありません。結婚して三年、その間ずっと夫のトムと話し合ってきたことです。しかしあまりに大きな問題だし、自分の仕事のこともありました。なんといってもそれが現実の問題でした。一二年かかった準備、一二年間の懸命な努力、母はそれをあきらめなさいと言うでしょう。まるでそれが遊びだったとでもいうように、あっさりと。

トムの仕事のことだったら、母もそんなふうには言わないでしょう。彼は、何かやりがいがあることをする準備のために、今までの人生の三分の一の時間を費やしたわけではないのに。トム。そう、トムは続けなければなりません。トムは、成功を阻まれてはならないのです。トムは男なのです。

「おまえは変わった女だね。自分勝手だよ」と母は言いました。「夫があって、子供を産もうかというときに、歌を続けたいだなんて、変わった利己的な女だよ」

そうなのだろうか？　ジェーンは疑問に思いました。彼女の中でささやき声が断言しました。「いいえ！」と。

母の考え方は嫌悪すべきものに思えました。頭がからっぽで、ひたすら辛抱強く、重い足取りで歩いていく自分の姿が目に浮かびました。ぞっとしました。でも、どうなるのでしょう？　母の基準でいけば利己的だった知り合いの女性を、痛々しい思いで数え上げました。

フリトン夫人はどうでしょう。大学のクラスメートでとても愉快な人でした。優秀な学生でもありました。でも今ではもう、何も考えていないようです。子供と料理と掃除——それがすべてなのです。メイベルの方がいくらかましですが、人間らしくあり続けようとしているのが、まるで絶望的な虚飾、勇敢だが望みのない試みのように思えてきます。彼女は、政治情勢についておしゃべりしたり、科学の発見について話したりすることでは、誰にも負けません。でも何かが違います。昔のメイベルではないのです。

ジェーンは、すべての女性が仕事を持つべきだとか、そうではないとか考えていたわけではありません。ただ、そのために何年も何年も準備した自分が、無理やり仕事を取り上げられるのはひどいと思ったのです。そしてそう思ったとき、結婚して子供を持つという素晴らしい体験が、いまいましい義務になったのです。それは苦痛をもたらすものとなりました。与えるという行為から喜びがすべて失われ、冷たい美徳という殻《から》で覆われてしまいました。道徳的だとされる否定的な人びとによって汚されなかったら、それには何かとても素晴らしく、とても自然なものがあったはずなのに。

それに、子供を産んでからも仕事を続けられるのではないでしょうか？　数多くの女性歌手、そのほか多くの人たちが実行したではありませんか。

ジェーンが考えたのはここまででした。ドアが開いてトムが飛び込んできたのです。興奮した顔に怒りが浮かんでいました。

「やあ、ごめんよ。遅くなってしまって。君のお父さんと話していたんだ。あれやこれや――」

夫は妻の家族の悪口を言って彼女を傷つけたくないと思い、ちょっとためらいました。

「お父さんが、君に仕事をやめさせるべきだと言うんだ。お父さんは、妻が仕事を続けるっていう考えを嫌っているようで、君の義務について話すんだ。知っているだろ、ああいった考え方にはすさまじいところがあるってこと」

激しい喜びがジェーンを襲いました。彼女は部屋を横切ってトムの腕に飛び込みました。

「まあ、トム、あなたがそう言ってくれるなんて。音楽がすべてじゃないわ。確かに音楽を続けたいし、一生懸命レッスンしてきたけど。あんなに残酷なのに善人ぶるのがあの人たちのやり方なのよ。私、自分勝手じゃないわ、私」

「もちろん君は自分勝手なんかじゃないよ、ジェーン」

トムは叫んで、ジェーンを優しく抱きました。

「僕たちはあの人たちの時代に生きているわけじゃないし、あの人たちが言うような愛と義務の衝突なんてない。女性はみんな、働き続け、キャリアを重ねる権利がある。たとえそれが、安物のピンを売ることだったとしてもね」

ジェーンが彼を見上げて言いました。

「もしその人が自分を曲げているのだったら、全然いいことじゃないわ。それに、家から出る必要がないとか、とくに何もする必要がないのだったら。私が闘っているのは、ある考え方のためなの。本来の自分でいることは権利であって、決まりでもなんでもない。私はただあなたの妻とか、母とか、主婦とか、自分自身以外のものになりたくはない。私がジェーンであることをやめることはできない。キャリアの問題じゃないの。キャリアをあきらめることはできる。でも、私がジェーンであることをやめることはできないの。それなのに、あの人たちは私にそうさせたがっているんだわ。今ならわかる。義務に埋もれてしまった女の人たちに何が起こったかわかる。あの人たちは自分を曲げ、女としての魅力をなくし、半分死んだようになっているんだわ。私はそんなことしない。絶対に！」

トムは妻を引き寄せました。

「僕がついているよ、ジェーン。僕も少しは考えたんだ。わかったことがあるんだ。離婚の最大の原因が何だか知っているかい？」

「いいえ。何？」

「自分勝手であってはいけないという考え、君の両親のような人が唱えている考え方だよ。自分と夫を同等にリスペクトしなくてはいけないのに、その考えのもとに女性は身を隠す。男が結婚したはずの娘、生き生きとした娘はいなくなる。彼に残るのはただ、人がこう呼ぶもの……」

「……母親」ジェーンが思わず口を挟みました。「主婦、常識、それね。男の人は常識と世間体でものを考える。彼らを責められないわね」

■

第5話

その場しのぎからの脱出

パルメラ・ステッドマンはいかにして魅力的になったか

■

人生において私たちが、「自分にできるかどうか?」という問題を無視していることほど奇妙なことはありません。

誰でも、成功するための方法に興味があるものです。理屈では成功する方法、私たちはそういうものについて聞くのが好きです。

とにかくパルメラ・ステッドマンは、姉のバーニスがいとも簡単に家族を思い通りにするのを、何年ものあいだ見てきました。服を買おうということになれば、いちばんにバーニスのことが考えられました。歌のレッスンがいいということになれば、バーニスがレッスンを受けました。ヨーロッパ旅行が計画されたときも、行ったのは彼女でした。

とにかくいつもバーニスは家族の中心にいました。上の娘の魅力にまいっていたのは父親だけではありません。母親も、彼女と一緒に何時間もショッピングをして過ごし、彼女に着せるために何週間もかけてあれやこれや縫ったり、編んだりしました。

パルメラはひそかに、この不公平を不思議に思っていました。そしてこれについて奇妙な点は、家族の誰もがそれを当たり前だと受け止めていることでした。ついにパルメラは発見しました。それは一冊の小説を読んでいたときのことで、その物語のヒロインも自分と同じ状況に置かれていることに気づいたのです。

ありがたいことに作者は、なぜパルメラがこんなに惨めな脇役を演じているのか説明してくれただけでなく、姉のやり方を鮮やかに分析してくれました。姉は「かんしゃく」と「ご機嫌とり」を交互にやっていました。物語の中で支配力を振るっていた口うるさい娘は、両親が何かしてくれたときは、クックッとのどを鳴らして抱きつき、その親切に報いました。母親にとってショッピングは楽しいものとなり、父親は物を与えることで家族を養う者の権威を意識することができました。父親は、自分がいかに偉大ですばらしいかをいつも思い出すことができたのです。

この要領のよい献身的な愛情は、駆け引きが何の見返りももたらさないときには、かんしゃくの発作によって中断されました。

作者はこう述べていました。「国際情勢といかに似ていることか。絶え間のない秘密の策謀と友好協定、そして策略が失敗すれば戦争の脅威」。いつも何か解決すべき食い違い、決めなければならないこと、愛情の計略、憎しみの気配があって巧妙に働いていたのです。

その後突然、パルメラに夜明けがやってきました。彼女は姉の手腕を観察しました。しかしパルメラのような感性を持つ娘に何ができたでしょう？　彼女には、父親に取り入ることができませんでした。父を愛していたからです。彼女は、母をおだてることができませんでした。それが侮辱《ぶじょく》のように思え、まるでお互いの間に深い気持ちがないかのように思えたのです。しかし、パルメラにはうまくできないのに、この要領のよいうわべだけのやり方が、姉のバーニスだと成功していました。パルメラは、バーニスが自分に比べて少ししか、深い愛情を両親に感じていないことを知りました。

パルメラは辛抱強く自分の問題について考えました。一つの原則があって、それを見つけさえすればよかったのです。わかったとき、どんなに目が見えていなかったか笑ってしまいました。そのためにあんなに難しかったのです。両親にリスペクトをしなければならないのです。当然のことです。愛している人さえ、何か報いがなければ満足しません。私たちはみな、心の底は利己的なのです。

　パルメラは、両親が信じる何かのために身を捧げ、バーニスのかんしゃくのような、両親が対応しなくてはならない印象的で必然的な行動をとる必要があるのです。

自分がどんなに父の仕事を手伝いたいと望んでいるか、どんなに父の重荷を軽くしてあげたいと思っているかパルメラが気づいたとき、二つの欲求が結びつきました。「私、お父さんの右腕になるわ」と自らに言い聞かせました。「家族のみんなが思いやりを持って接するからといって、お父さんが一家の稼ぎ手として立派でないってことにはならないわ」

彼女はあとになって振り返り、自分が問題をたやすく解決したことを思うと、笑みがこぼれました。「パルメラ、これはどうかね、あれはどうかね」という調子でした。出張したときには、自分が女性バイヤーとして会社にとってとても役に立つ人材であることを証明しました。母も父もそれぞれ自分の仕事をしていたので、パルメラはひどく疲れるほど仕事をする必要はありませんでした。また彼女は、誰よりもいい服装をしなければなりませんでした。仕事には上等な身なりが必要だったからです。

パルメラは、この新たな喜びに対しては、感謝の気持ちを表すことがごく自然にでき、その温かさで両親の心が開きました。彼女は、問題解決の鍵を少なくとも一つ、発見したのです。

パルメラが結婚すると、新たな問題が起きました。年月がたつにつれ、夫は非難がましくなったのです。彼は、パルメラの子供の扱い方に難くせをつけました。妻が何をやっても満足しないようでした。この状況について惨めな気持ちが続きましたが、それも彼女がある決心をするまででした。この新たな問題についても、かつて家族の問題を切り抜けるために使った方法のように有効な打開策が、何かあるに違いないと思ったのです。自分は本当にそんなに手際が悪いのだろうか、と彼女は思いました。

真実を知るため、パルメラは結婚生活の問題に、仕事の経験で得た整然とした手法を取り入れました。彼女はノートにその日にあったことを記録し、夫がかんしゃくを起こして彼女を非難したときには、その状況と夫の批判を書きとめました。それから、まるで他意はないかのようにおとなしく、夫におまえにはうまくやれないと言われた用事から一つずつ身を引きました。

「これ、あなたやってくださいね。私じゃ、きっとうまくできないから」と夫に言ったのです。

夫のコンラッドがうまくできないと（むしろ彼女よりもひどいときが多かったのですが）、彼女は問題の概要を書きとめたところに近い適当なページに記録しました。まもなく彼が爆発するときが来ました。こんなことで時間を無駄にしてはいられないと言いました。こんなことは自分の得意とするところではないと。

「私もそう思うわ。確かにあなたの得意なことじゃない。ならどうして私にやらせないの？」

「君が僕にさせるからじゃないか」彼が言い張りました。

「そうなの？　ちょっとこのノートを読んでくれる？　日付が入っていて、ごく最近のことまで書いてあるわ。そんなに長くはかからないから」

長くはかかりませんでした。そして、コンラッドが起こったことを理解し、自分が小言を言ったことを認めざるをえなくなるまでには、もっと時間がかかりませんでした。

「あなたに見てもらう必要があったの」パルメラが静かに説明しました。「みんな、真実を守る方法を知らないために、失敗するんだわ」

コンラッドは何も言いませんでした。彼はただ、彼女に両腕をまわし、抱きしめただけです。

誰の人生にも、成功に向かってひとまたぎする、あるいは失敗への一歩を下ろす、ちょっとした行動、いわばターニングポイントがあります。私たちは絶えずそういった行動を起こしています。その次に、喜びか苦しみ、そのどちらかがやってくるのは避けられません。

パルメラは、決して妥協してはいけないと信じて、どうにもならなくなっていたかもしれない状況で、思い切って大胆に行動しました。彼女は、日々の暮らしにおいて多くの人が陥っているその場しのぎのやり方から脱したのです。

第6話

古い常識は修正しよう

ジャドソン氏、衝撃を受ける

ジャスパー・ジャドソンは、何かつらい光景を記憶から締め出そうとでもするかのように、目を閉じました。彼は疲れた小男で、神経質にクッションをいじくっていました。

ようやくジャドソン氏は口を開きました。彼の声には、けだるさと絶望の響きがありました。

「いつだってフランクのことがかわいくて、あの子のためなら何でもしました。私は子供のときあまりチャンスに恵まれていませんでしたが、フランクにはちゃんとチャンスを与えてやりました」

「息子さんのために何をしたのですか？」私はそう尋ねましたが、どんな答えが返ってくるか予想できました。

ジャドソンは、私の質問などほとんど聞いていないようでした。

「私は工場街で育ち、六歳のときから臨時雇いで働かなくてはなりませんでした。たまには学校にも行きましたが、一二歳になってからは、できるだけ稼いで母にわたす必要がありました。働くことは好きでした。でも、勉強もしたかったのです。真夜中を過ぎても遅くまで、本を広げて座っていたものです。昼間は働いて、夜は勉強する。そんな生活をしていました」

「では、いつ遊んでいたのですか？」激しいかんしゃくで応じられないようにと、私は声を低くして言いました。

「遊び！」

爆発をやわらげようとした私の努力は、役に立たなかったようです。

「遊びだって！」彼は繰り返しました。「遊びなどしなかった」

「では、フランクに遊ぶ機会を与えたかったのですね？」まるでその考えがわかりきったことでもあるかのように、私は質問しました。

「いいえ！」彼は叫びました。「いいえ。私は息子に、私が手に入れられなかったすべてを与えたんです。三歳になると、乳母《うば》をつけてやりました。しっかりした女性でした。北部で育ち、模範的な家庭の育ちでした。彼女はフランクに文字を教えました」

「その人は黄ばんだ顔色をしていましたか？」唐突に私が質問しました。

「黄ばんだ？」

「はい。しなびて黄ばんだ肌をしていて、しわくちゃで、薄い唇、淡い灰色の目、鉄色の髪、どちらかというと尖《と》がった鼻、長く細い腕、几帳面《きちょうめん》な話し方だったのでは？」

「ミス・フリントを知っているのですか？」彼が疑わしそうに尋ねました。

「はい」私はじっと考えました。「彼女のような人を何人も知っていますから。文法と計算が得意だったでしょ？」

「みごとなものでした」彼は熱心に同意しました。

「そして、規律に厳しかった？」

「そう、彼女なら軍隊を指揮することだってできたでしょう」彼はますます熱っぽくなってきました。

「どうして彼女を手放したのですか？」

「手放したりしません。うちの家政婦になってもらいました。私たちは、きちんとしたつつましい暮らしをしました。ミス・フリントは、フランクに四歳のときから本を読んでやっていました。私が細心の注意を払って選んだ本です。息子の一番いい服には上品な白い襟がついていました。そしてとてもかわいい帽子。そういったものは彼女に買ってこさせました。彼女自身は、上等な、レースがついたようなものは一つも持っていなくて、息子におしゃれをさせるのが楽しみだったのです。夏になると彼女は、息子を長い散歩に連れ出し、ときどき博物館を見に町へ行きました。一二歳のとき、私は息子を全寮制の中学校へやりました」

「夏休みはどうしたのですか？」

「修業ができるように、うちの工場に行かせました。若い男にとっては労働が一番ですから。私がしたような苦労はさせたくなかったので、一番有能な現場監督に預けました。その男は誰にでも教えることができましたからね」

「わかりました。最初から最後まで、『人にしてもらいたいと思うことを、人にもしなさい』という黄金律を実践し、その原則に従って、自分がしてもらいたいことをフランクに対して行ったわけですね」

「そのとおりです」

「そうでしょうとも！」私は急に語気を強めて同意しました。「そして今、息子さんが手に負えなくなったとおっしゃいましたね」

相手の顔色が変わり、目を細めました。

「ずっと酒びたりです。下品な女と駆け落ちして、クズのような連中とつき合っています。残念なことに私の共同経営者であるトンプソンは早く亡くなったのですが、いつも息子をかわいがっていたので、息子に少しばかり金を残しました。そして息子はそれを湯水のように使っているのです。夜遊び、ダンス、酒場……」

「そうかもしれませんが」私は静かに言いました。「でも、息子さんは悪い人間ではありません」

「悪い人間じゃないですって！　どうしてわかるのですか⁉」

「手紙をいただいたとき、彼に会うように書いてあったので」

「会ったのですか？」

私はうなずきました。

「息子さんはお父上とはずいぶん違うようですね。どうして、あなたの好きなものを彼が好きだと思ったのですか？」

「私は世間の常識に従って――」

「ああ、そうですね」私は口を挟みました。「あの狂気じみて悲劇的な、とんでもない常識を、大勢の人びとが解釈しているように解釈し、この世に地獄を生み出すあの常識を、みんなと同じように自分のエゴイズムを正当化するために使ったわけです」

そう言いながら、私は一冊の本を彼に手わたしました。巨匠たちの人生についての本で、彼らの愛の冒険についての回想と物語がたくさん書かれていました。

「何のためにこんなものを？」

彼は当惑した面持ちでページをパラパラとめくりました。

「これは、芸術家たちについてのとても面白い記録です。よかったらお貸ししようと思って。そしてこちらは現代劇の本です。ギルドが上演した最上級のものがすべて入っている戯曲集です」

「そんなくだらないものを読む時間はないね」彼が不機嫌そうに言いました。

「読まない？　私は大変気に入っているのですが。あなたも読みたいだろうと思ったもので」

「いったいどういうつもりなんだね」

「息子さんがあんなふうになったのは世間の常識のせいだということを、わかっていただきたかったのです。あなたは、自分がしてもらいたいと思うことを、息子さんにしてきました。私はこの本をあなたに貸そうとしましたが、私がしてもらいたいと思うことをしただけです。あなたはこんな本は嫌いですよね。息子さんだって、あなたが彼のためにしたことを何もかも嫌がっていたのです。常識は真鍮《しんちゅう》、それとも粗悪な鉛《なまり》、いや、鉛でさえありません」

「そう思うのかね？」

「確かにそう思います。相手をダメにします。数え切れないほど大勢の人をダメにしました。鉛の方がまだましかもしれません。鉛には使い道がありますから。自分の思いのままになる常識は、鉄格子のはまった恐ろしい檻《おり》で、他人を支配し、彼らに対して思いどおりのことをするためにはとても便利なものです。最悪です」

「ではどうしたらよかったというのだね？」彼が尋ねました。

あまりにショックが大きく、反論することもできないのです。

「息子をどう扱えばよかったのかね？」

「第一に学ぶべきことは、他人に何かするときには、その人がしてもらいたいと思っていること、あるいはもしもあなたが本質的にその人と同じだったら、あなたがしてもらいたいと思うことをするということです。それでは十分ではありませんが、それがまずは出発点です」

「フランクは、バイオリンを弾くなどという時間のムダをしたがっていた」

私はうなずきました。

「それが、彼が今やっていることです。ダンスの楽団でバイオリンを演奏して、生計を立てています」

「なるほど――」

ジャドソンの声は〝ぞっとする〟と言っているようでした。ハリウッドの名優のような抑揚でした。しかし私は、その言外の意味をあえて無視しました。

「ジャドソンさん、息子さんは音楽と美術の才能、そして創造性をお持ちです。母方の家系から受け継いだのです。彼の心は想像力豊かで、素晴らしく人間的です。人びとが物事をどのように、なぜ行うかを直感的に理解しているのです。声や顔、しぐさをうまく真似ることができます。

あなたが息子さんのためにしたことは、実質的にすべてムダでした。それは彼の性質ではなく、あなたに合わせたものだったからです。あなたは神経質なたちだったので、あまり感情的ではない、判で押したような生活の中でコツコツと仕事をする人間になりました。でもフランクは感じやすく主観的な性格です。体質的に、何かを感じたり熱中したりして夢中になるのです。

フランクは子供のとき、自分を積極的に表現する機会を必要としていました。たくさんの音楽や色彩、よい演劇、冒険物語、一緒に遊ぶ友人たちが必要だったのです。しかし彼は、成長に必要なものをすべて欠いていました。私はフランクを、劇場で働いている演出家に紹介しました。フランクはオーディションを受けて、小さな役をもらいました。いつか映画界で成功して、あなたが手にしたこともない大金を稼ぐでしょう」

ジャドソン氏は、まるで海へビか何かが海から頭をもたげでもしたかのように、呆然として座っていました。私はというと、彼の息子が正しいとし、〝古きよき常識〟に従って息子を育てるという父親の一生の努力を静かに非難していました。沈黙を利用して私は話を続けました。

「フランクには何度も会いました。彼は酒をやめ、だらしない女性とも別れました。彼は成功を望んでいて、今ではどうすればいいかを理解しています。そして、あなたの希望に逆らっていることについても、何もやましさを感じていません。もう無茶な生活をして、自分が独立した一個の人間だと主張する必要はないのです。フランクの非行の原因はあなたでしたが、今では彼も、あなたを傷つけようとしたことを申し訳なく思っています」

「申し訳ないだと！」

「はい。彼は、あなたが何を失ったかをすべて理解しています。この数年で、あなたが何を奪われたのか。彼は、自分になくて寂しく思ったものをあなたが手に入れられるよう手助けしたいと思っています。献身的な愛情と優しさ。二人の人間が火を前にして一緒に座り、お互いに理解しあい、個性の違いを愛するという、心の交わりの貴重な瞬間といったものでしょうか。あなたは、親密さの中にある素晴らしいものを経験したことがありません。そんなものをいつかあなたにあげたいと、フランクは思っているのです」

「私には時間がなかったのだ」ジャドソン氏がしゃがれ声で言いました。

「そう、あなたには時間がありませんでした、時間がね。懸命に働いて、精も根も尽き果てて家に帰りました。働いて働いて家族にお金を与え、そしてそのほかのものはすべて家族から奪う。こんなひどい身勝手な人生はないと、私は思います」

要するに、もしジャスパー・ジャドソンが、自分に忠実であれという教え、〝自分を曲げてはいけない〟を正しいと思っていたら、自分自身の意志を息子に押しつけようとはしなかったでしょう。もし彼が同じ熱心さで魔法の公式の正しさを信じ、エゴを満足させることを自分に許していなかったら、気まぐれな思いつきを実行して、自分は利己的ではないという誤った思い込みをすることはなかったでしょう。

父と息子が、互いへのリスペクトに欠け、妥協的な人間として生きることもなかったでしょう。

私は何年も臨床心理学にたずさわっているあいだに、大勢の人びとを調査しました。私の経験では、非行の唯一最大の原因は、頑固なほど善良な人びとの手にある黄金律です。

自分の人生を支配している欲求を他人に転嫁するために、自分にとっていいと思うことが相手にもいいと決めつけるのは、とうてい親切とはいえません。

若い頃、私にそれをしようとした親戚の女性がいました。彼女は、奇妙な食べ物から怪しげな信仰まで、ありとあらゆる流行を信じていました。彼女といると、私の生活は私の〝ため〟にあれこれ制限されて、チベットの僧院の屋根の上で木の実を食べる、正気を失ったヒンズー教徒並みになりました。私は黄金律の犠牲にされたのです。

人はこの教えを、「人がしてもらいたいと思うことを人にしなさい」、あるいは、「もしあなたがその人の立場であったらしてもらいたいと思うことをしてあげなさい」という言葉に置き換えて、そのまま実行してはいけません。

ある男が死にたがっていましたが、自殺するのは怖くてできませんでした。そこで友人に殺してくれと頼みました。友人も、もし同じように苦しい目にあったら、きっと死にたいと思ったでしょう。でも友人は、その男の頼みをきっぱりと断りました。あとになってその男は悲しみを乗り越え、生きていてよかったと思いました。その願望は一時の気分だったのです。

よく考えてみると、新しい黄金律はこうあるべきです。――「生命、自然、宇宙の法則があなたにさせるように、人にしなさい」――その法則を理解してそれに可能なかぎり忠実に従い、さらに洞察を得るために利用できるすべての手段を求めるのです。もしそれができないなら、少なくともあの古い格言を修正して、相手が本質的にどういう人間かということを考慮に入れるようにしましょう。現代の知識に照らしてみると、あの古い格言が認めた利他主義をそのまま適用することは実に有害です。

もし自分がしてもらいたいと思うように女性を扱ったら、相手が性別の異なる生き物だということをちゃんと考慮していないことになります。その女性の個人的嗜《し》好《こう》に合わないことをしょっちゅうしてしまうでしょう。反対に女性の場合は、女性の価値観を規準にして男性を扱うと、相手の男性特有の欲求や性癖をほとんど理解できないでしょう。

子供の頃、母や姉たちが私の髪を長くカールさせて、糊のきいた白いドレスを着せ、ピンクのリボンをつけ、ピカピカのバックルがついた靴をはかせ、ビロードのベルトがついた優美な麦わら帽子を被せました。柵に上がり、柱をよじ登り、屋根に上がり、猫を追いかけ、沼地をぶらつき、茂みを走り抜ける私を母や姉たちは叱り、私がもつれたカールをまっすぐにとかすと金切り声を上げました。彼女たちは白いドレスやレースの襟、おしゃれな靴が大好きでした。私は、黄金律によって扱われたのです。

ところで、私がしてもらいたいと思うように、あるいは、もし彼女たちが、健康で自らを頼む反抗的な少年だったらしてもらいたいと思うように扱われるのも、賢明とはいえません。私は、未開の地の住民のように見えるといいのにと思っていました。南の国の子供のように振る舞いたいと思っていました。静かに座っていたことはないし、上品に焼き菓子を食べたこともありませんでした。

しかし、フリルのついた装飾を小さな男の子につけさせるのよりは、彼を裸にして強く自然に育てる方がましだったのではないでしょうか。二つのうちでは彼のやり方——つまり私のやり方——の方が、ずっと賢明だったのです。いちばんよいのは、幼い少年に対し、彼の基本的要求に従い、肉体的にも精神的にも健全なやり方をすることでしょう。もし彼女たちが、私が五〇代の男性となったとき、どんなに男の子として扱われたかったと思うだろうとちらりとでも思っていたら、少なくとも、衣服についても行動についても、私を男らしくさせていたでしょう。

自分にとってよいと思うことを相手に押しつける、それこそリスペクトの心と対極にある行為なのです。

■

第7話 人生に欠かせない知恵とは

反対する人びとをどう扱うか

ある日、私のもとに一通の手紙がとどきました。

以下は、手紙からの抜粋です。

「悩みといってもそれほど重大なことではありませんが、恐ろしく癪《しゃく》にさわり、イライラが日増しにつのって、とてつもなくうんざりすることのように思えてくるのです。

状況はこうです。夫は、私がしてほしいと頼むことは決してしません。私があの人にそれをしてもらいたがっているというだけで、断るに十分な理由になるのです。しばらく前のことです。私はここ二、三年、町へ引っ越したくてしかたがありませんでした。町に住んで、もっといい音楽やお芝居、講演に触れたかったからです。でも、それを夫に提案すれば、引っ越しなんてまるでしたくないと言うでしょう。私たちが町に越せない理由はありません。郊外にある家は借家ですし、子供たちは結婚して家を出ています。では、どうすれば引っ越せるのでしょう。もし最初に計画を思いついたのが夫だったら、夫は嫌がったりしないということもわかっています」

私がこの手紙に答えると、返事が来ました。

「教えていただいた計画がうまくいくかどうか、私にはわかりません。問題は、それがとても利己的に思えることです。私は悪意ある人間ではありません。私はずっと率直で正直にやってきました。二枚舌を使うことはできません」

二、三カ月すると、この善良な婦人は、私が提示した誘惑に屈しました。そして彼女は計画を実行し、町へ引っ越すことに成功しました。私が彼女にするように言い、最初に彼女をあれほど動揺させたこととは何だったのでしょう？　彼女の望みをとげるために、夫のひねくれたところを利用するという、それだけのことです。

夫は明らかに、いわゆる「あまのじゃく心理」の精神症状を示しているように思われました。彼は相手の願望や影響に逆らって、何でも反対のことをしました。エルドリッジ夫人は、助けを借りずに一人で彼の神経症的ひねくれを直せそうにありませんでした。

そこで、三通りの行動方針のうちどれを選ぶかが問題になりました。

①病的なエゴイストの犠牲者でありつづける。
②離婚を求め、夫と別れる。
③夫を管理する術を身につける。

五〇代の夫婦にとっては、三番目のやり方が賢明に思われました。それで私はエルドリッジ夫人に、穏やかに、しかししだいに熱心に、二人が郊外で実際に手に入れたすばらしい資産について話すよう指示しました。嘘をつけと言ったのではなく、田舎をたたえる作戦を提案しただけです、事実そうだったのですから。

重要な点は、エルドリッジ氏のエゴが反対の願望でいっぱいになるまで、それを言い続けることでした。まもなくそうなりました。彼は田舎を嫌い始めました。妻が行きたかろうがどうだろうが、彼は妻を町に連れて行くでしょう。

この種の臨機応変の駆け引きに、何かいけないところがあるでしょうか？ かたくなな多くの人びとの非難を耳にします。もし女性がしかるべき相手、ゆがんだエゴを持っていない、愛情と理解のある男性と結婚しているのだったら、私も非難するでしょう。しかしもしそうだったら、対処しなければならない問題など、そもそも起こってはいないでしょう。

たいていの場合、エゴイストの方が利他主義者よりも多く、逆の暗示にかかりやすいあまのじゃくの方が、そうでない人よりもたくさんいます。このため、この種の作戦は、誰にとっても役に立ちます。同僚がみんな愉快でのんきで融通のきく性分でないかぎり、彼らがあなたの考えに矛盾のない反応をすると期待するのは愚かなことです。

何か提案しなければならない計画があるときには、まず反対の評価や矛盾する事実について話すことから始めるのが賢明です。ある特定のやり方をとるべきだと考えているなら、そうすることの危険性について話し、そのアイデアを批判しなさい。聞いている人を、そうは言ってもやはりそのような計画が必要だと主張する提案者にならせるのです。そうしたら、その人と協力しなさい。

たいていの人はプライドのかたまりです。提案に対して意義を唱えるのが好きです。提案する方が好きなのです。彼らにこの心の癖を発散させるチャンスを与えることで、計画をうまくやりとげることができるのです。

私たちは美しい花瓶を作る職人の仕事をたたえます。ではなぜ、トラブルをうまく解決する技術を用いる人を尊敬してはいけないのでしょう？　うまく生きる人生には、芸術作品のようには美しくないところがあるのですか？　それとも、困難を克服するための技術を持つことに、何か悪いところでもあるのでしょうか？

結局、問題は、相手に何かゆがんだ欠陥があるという理由で、どうしてこっちが妥協的な生き方をしなければならないのか、ということです。決して自分を曲げるべきではないと思っているからといって、効果的に問題に対処することができないわけではありません。しかしその行動がエゴの満足でしかなかったり、自分の意志を他人に押しつけることになったりしてはいけません。その行動がみんなにとってより大きな自由につながるときにのみ、それは正しいのです。

悪い人間が策士だからといって、どうしてあなたが効果的でない方法を用いなければならないのですか？　策略は生きるために不可欠です。それは人生の知恵です。目的を達成するためには戦術が重要です。それが悪いのは、動機が不純なときだけです。

あるとき、かねてから私が望んでいたポストに空きができました。私は、自分こそがこのポストに関心があることを、さまざまな友人にさりげなく、そう、しつこくならない程度に話しました。半年もたたないうちに電話があって、望んでいたポストにつかないかと言われました。その人はたまたま私の友人を三人知っていて、彼らがまったく無意識に私の戦術を実行してくれたのです。

人生はチェスのゲームです。倫理的な偏見からそれを信じようと信じまいと、それは事実です。テーブルの向こう側に運命が座っていて、あなたの動きを見ています。運命は完璧な手を指します。感傷から融通のきかない決まりきった手を打っていれば、王手をかけられて計画が行き詰まるのは確実です。運が変わるのに応じて臨機応変に動くことです。しかし根本をなす「計画《スキーム》」にある人生計画は固く守らなければなりません。

画家は「色の配合《カラースキーム》」で絵を描きます。作曲家は和音すなわち「音の配合《トーンスキーム》」を使います。劇作家はプロットすなわち「芝居の筋書き《ドラマスキーム》」を用います。積極的に計画することなしに、現代のさまざまな状況で起こる困難を乗り越えることはできません。「策略《スキーム》」を使わなければ、失敗することになります。

たとえば、まったく対等な力ほど成功するものはありません。ある男性が手紙を書いてきました。

「うちの妹は引きこもりなのですが、どうしたらいいでしょう?」

これに対して、私はこう答えました。

「妹さんよりもっと引きこもってしまいなさい。あなたの悩みを妹さんに、話して、話して、話しなさい。妹さんといるときには思い切り絶望的になって過ごし、一カ月ほど、彼女がどんなふうに変わるか様子を見ていなさい」

男というものは、女性の涙を恐れるものです。そんなことはナンセンスです。涙を恐れる理由などありません。女性が泣いたら、自分も泣けばいいのです。そうしたら相手はたちまち泣きやむでしょう。試してみなさい。びっくりすることになりますから。

おそらく、古いタイプの考え方と、私が提案する新しいタイプのアドバイスとでもっとも違うのは、相手との距離をどうとるかという点です。かつては、他人の重荷を背負い、吐き気をもよおすような甘い同情を示し、相手の悩みに親身になってつき合いなさいと言われました。今では私は、そんなことに巻き込まれないようにして、客観的な態度をとり、感情的にならないようにしなさいと説きます。古い考えの人たちには、これは思いやりがないことのように思えるでしょう。彼らには、人間は頭がはっきりして冷静なときの方が、物事がうまくできることが理解できないのです。

あなたもジグゾーパズルは手でするでしょう。そのとき、悩みは頭から追い出してあるものです。悩みを紙に書き出してみます。クロスワードパズルのように客観的なものにするのです。テーブルの上に出ていないことについては、くよくよ考えないことです。

何よりも重要な戦略は、静かに、沈黙を守ることです。話すのは行動の一〇パーセントに抑えるべきです。ほかのどんな愚かなことより、言葉に多くのエネルギーが浪費されているからです。

第8話

犠牲が害になるときもある

ファーウェル夫人、息子をダメにする

自分を大事にする生き方の本質は、誰もほかの人にしてもらわなくてもいいように、自分の必要な面倒は自分でみることにあります。

■

本当のリスペクトの心は、きのう聖人のようであったからといって、明日は他人の重荷になることを許しません。また、自分自身を喜ばすために他人にぜいたくをさせ、その自己満足を美徳と呼ぶ間違いを犯すのをよしとしません。

まっとうな倫理とは探求することです。それは自然にそったものであり、結局は自然が、私たちが何者であるか明らかにしてくれます。ファーウェル夫人とその息子ウィリアムの人生で、古いやり方がどのように作用したかを見てみましょう。

ウィリアムは堕落しかかっていました。それについては疑問の余地がありませんでした。少年裁判所の係官がやってきたからには、母親もその事実を無視することはできませんでした。そのうえ係官は、母親に、彼女がどのようにして息子をダメにしてしまったか、わからせました。

ファーウェル夫人は打ちのめされました。父親のトムが亡くなったのは、ウィリアムがはじめて半ズボンをはいた頃で、夫人には自分の責務ははっきりしているように思えました。「この子には、もしトムが生きていたら手にしていたはずのものをすべて与えてやらなければ」と、自分に言い聞かせたのです。

その誓いを守るために、彼女がどんなに苦労してきたことか。話を聞いた係官が言いました。

「そして当然のことながら、息子さんはあなたを、自分を遊ばせるために働く奴隷とみなすことに慣れてしまいました。そんな息子さんが世の中に順応することを覚え、しつけが身につくとでも思ったのですか？」

「では、そうするべきではなかったとでもおっしゃるのですか？」ファーウェル夫人が強い調子で言いました。「私は利己的な人間にはなりたくなかったのです」

「そう、あなたはそうすべきではなかったのです。人生にはどうにもできないこともあります、ファーウェルさん。悲しい出来事が家族に起こったからといって、出来事に対する防波堤となるのが親の義務ではありません。私たちは、人生を共に生き、共に乗り越えていくことを学ばねばなりません。それなのにあなたは、息子さんの〝運命〟になろうとしました。息子さんは、あなたと一緒に、失ったものを直視すべきだったのに。そうしていれば、彼は一人前の男になっていたでしょう」

そう、この係官は正しいのです。ファーウェル夫人にも今、それがわかりました。自分がした苦労のことを思い返しました。ウィリアムは、父親がいないと感じたことも、何かがないのを我慢したこともありませんでした。

この短い物語は、ほとんどどんな設定にもあてはまります。その原則は、男性と女性の間、そして若者が老人への義務を考えているときにも有効です。利己的にならまいとして大きな役割を引き受ければ、結局は大きな不幸をもたらすのです。

私は、何千人もの人生を調査し、この原則についての統計データを集めてきました。データの中には、何年も前にさかのぼるものもあります。当時少年や少女だった人が、今では子供の親となっています。ファーウェル夫人がしたような自己犠牲の事例で、悪い結果にならなかった例はほとんどありません。

ウィリアムの問題で警察にやっかいになっただけではなく、母親は慈善にすがらねばならなくなりました。何年も苦労が続いたせいで、そうでなければ健康だったはずの彼女の体は弱ってしまいました。少年が青年期に達してからは、心配で神経が損なわれてしまいました。息子の非行にショックを受けて、内分泌の具合が悪くなりました。彼女は〝利己的でなかった〟ために、自分自身が面倒をみてもらう立場になったのです。

ファーウェル夫人がもし、自分の子供の一時的な幸せのためにこれほど一生懸命にならなかったら、他人に対して積極的に奉仕をしていたとは考えられないでしょうか？

彼女は、確かにこれといって才能はありませんでしたが、かつてはよき隣人であり、親切な友人でした。ところがそんな美点は、ウィリアムを甘やかすことに全力を注ぎだしてからは消えてしまいました。裁判所の係官は彼女に、本当の義務は息子に対してではなく世の中に対してあるのだと話しました。まず世の中に対する義務を果たし、その結果を息子と分かちあうことによってのみ、息子に対する義務を果たすことができるのだと言いました。

私たちの慣習は、自分の適性や能力に関係なく、世間的な義務の重荷の下に置くことを美徳としています。結局のところファーウェル夫人は、夫が亡くなった瞬間から偽物の美徳の仮面をかぶり、自分を曲げてきたのです。ウィリアムを甘やかしたのは、ただエゴを満足させるためにすぎませんでした。自分の最愛の息子に対するリスペクトを忘れてしまったのです。それによって自分で得意な気分になり、その場しのぎの生き方をして、息子のために奴隷のようにあくせく働いたのです。自分本位の基本原則に従わず魔法の公式を誤用するすべての人びとと同じように、彼女の犠牲は、始まる前から失敗することが運命づけられていたのです。

第9話

厄介ごとを解決する

イライラをなくす方法

対立する問題は、二重否定のように、互いに打ち消しあうことがよくあります。

■

あるビジネスマンの同僚は実に困った人間でした。あらゆる部署の仕事のやり方に口を出すのです。その癖を直すため、ビジネスマンはその同僚のところに全部署の厄介ごとを持っていき、彼が耐えられなくなるまで増やしました。それ以来彼は、自分の仕事以外はみなそれぞれの担当者に任せるようになりました。

一言で言えばこの考え方は、「作用で勝ち、反作用で守る」です。あなたの努力を妨げるものが何もなく、あなたの前に立ちはだかる人が誰もいないときは、直接的な方法をとればいいのですが、そのように平和のうちに解決できることはあまりありません。人生の重圧と緊張は、エゴイストの傲慢と無知から生じます。彼らの愚かな行動をよく見て、反作用をよく調べることによってのみ、無用の混乱を避けることができます。

あるときいかにも小役人的な警官が、私の車が一時間以上駐車していたとして違反キップを切ったことがあります。駐車していた場所には標識はありませんでした。私は、交差点に立っていた警官のところまで行って、こう言いました。

「おまわりさん、この町の駐車場問題について調査を始めようと思います。ここから何メートル先に駐車禁止の標識があるか、ご存じですか？」

「たぶんかなり先です」と答えて、その警官はキップを取り上げました。

どんな場合でも、勝ちたいのなら、エゴイストを怯《おび》えさせてはいけません。相手をますます頑張らせるだけです。そんなタイプの人を扱うときには、無頓着そうな様子をすることです。あなたを侮辱する人がいるときは、横柄に振る舞ったり、自信たっぷりの巨人のように肩をそびやかして歩いたりしないことです。相手が自分をだまそうとしていると思ったら、自分に力があるというしるしは隠しておきましょう。

人は相手が無分別に自慢するときは警戒しますが、相手が小さく見えるときは自分を過信します。問題が厄介であればあるほど、自分の強さを見せないようにしなければなりません。臆病者だけが大声を出して脅すのです。

他人が持っている力は、それが表に出るチャンスを与えなければ、知ることはできません。あなたの力が猛威をふるっているときは、ほかの人は力を示すことができません。しかし、あなたが自分の要求と弱点を明らかにすれば、相手の傲慢さが姿を現します。この方法で、そしてこの方法でのみ、破壊的な傾向を見抜くことができるのです。

要するに、無邪気な正直さほど強力なものはないのです。相手を怖がらせているときには、敵の力を測ることはできません。そして何より不思議な真実は、二心のある言行に対する最大の防御が、まったくの率直さであるということです。正直さに策略が入り込んでくると、複雑に計算しすぎて、相手の力を把握することができなくなります。子供のように自然で無邪気であれば、その率直さが相手を敬遠させます。二心があると、一つの方向を見ることができません。欺瞞《ぎまん》は結局、それを用いる人の機知をダメにします。だから、ずるい考え方をするといい作戦が浮かばないのです。ずるい人は自分の策略しか見えません。良心がない人は、相手の良心のゆるぎのなさが理解できません。

人間以外の動物で、静かにしておく知性を欠いているのは、サルだけです。サルも、行動を始める前にキャッキャッと鳴きます。猫を見なさい。うずくまるだけです。尾の先端だけがその企てを物語り、向きを変えるのさえ賢明ではありません。沈黙と、ときには微動だにしないで待つことが、奇跡をもたらします。真空は風よりも強力です。この方法を使って、別の厄介ごとで相殺することによって、厄介ごとを排除するのです。

かつて知り合いに、憎たらしい子供を連れた女性がいました。彼女が来るとうんざりしたものです。私は犬を飼っていましたが、それはその子と同じくらいけしからぬ犬でした。その犬も悩みの種だったのです。そこで私は、その女性が子供を連れてやってくるときは、犬を一緒にいさせて応じることにしました。すると彼女はやってこなくなりました。

しかし、そのことを考えただけでイライラしてくるようでは、この方法を使って厄介ごとを解決することはできません。厄介ごとを扱う第一段階は、あなた自身の内をちゃんとすることです。心のもつれをきちんと直しましょう。イライラした気持ちをなくすのです。渋滞も満員電車も借金取りも、人生の一部です。横柄な近所の人も、愚かな友人も、珍しいことではありません。集めたゴミを扱うときと同じように、彼らを扱いなさい。たいていどんな状況でも、それについて冷静になれば、片付けることができるものです。

それについて取り乱しているあいだは、面倒な状況をどうにかしようとしない、これをルールにしましょう。物事の面白い側面がすべて現れてくるまで、放っておきなさい。息子のエイプリルフールのおふざけのせいでつま先が痛んでいるときでさえ、愉快な面があるものです。

もちろん、積極的無抵抗のテクニックが、実際には〝火に油を注ぐ〟ことになる場合もよくあります。いつもは愛情で結ばれた関係にある男女が一時的に敵対している場合は、たいていそうなります。相手が冷たくなり遠ざかっていったときに、こちらが愚かなプライドの中に閉じこもったら、長い冬になるでしょう。融氷の方法を使って、温かさで冷たさに打ち勝ちましょう。つまり、氷山を動かすことができなければ、氷を融かせばいいのです。それを面白い作業だと思えば、楽しんですることもできるでしょう。例によって不機嫌な人――おそらく男性――に向けて光をあて、どんどん温めるのです。明るく輝く愛情に抵抗することはできません。

しかし、心がこもっていないかぎり、この〝よい方法〟を試してもムダです。しかるべき場面での笑顔は、大勢の人を動かします。しかし、大勢の人びとに対するときを待っていては、それができるようにはならないでしょう。性格のよい人になる術を実践して、性格のよさとは何で、いつ、なぜ、どのように心からそう感じられるかを知るのです。これは、誠実さで人を動かすためには欠かせないことです。親切なのが作戦だとしたら、それはもっともお粗末な作戦です。

多くの〝成功法則〟の本の問題は、何をすべきかということは書いてあっても、心からそう思ってしないかぎりそのアドバイスはうまくいかないと警告していないことです。

どんなに愚かな人にも何かよいところがあり、どんなに高潔な人も完璧な聖人ではありません。敵を友に変える術の秘訣は、私たちみんなにいえるこの善悪の事実にあります。敵に対して、彼があなたの中にはっきりと見ている欠点を認めなさい。そして敵の中に、あなたがこれまで無視していた価値を見出せば、相手の敵意は和らぎます。私はこれを、「愛情支配主義」と呼びます。悪いことの中心がよいことの中心に結びつけられれば、その肯定的な力によって悪い感情が圧倒されます。つまり、もし敵がよいことと悪いことを一緒に考えるようになり、その結びつきによって、そうすれば愛する者を傷つけるということに気づけば、悪いことができなくなるのです。

ある少年が乱暴な仲間とつき合っていましたが、自分が病気になれば家族にもうつって、母親や妹も病気になるかもしれないと気づきました。家族のことを考えたために、彼の生き方は変わりました。

どんな状況にも、もっとも簡単に折れる点というものがあります。敵は慢心しているのではないか？　そのときは、彼は小さなことをたくさん見逃しているのです。敵はためらっているのではないか？　そのときは、彼は何か大きな事実を見落としているのです。敵は神経質で緊張しているのではないか？　そのときは、彼は何かを急いでやりすぎたのです。敵はのんきで自信があるのではないか？　そのときは、彼は何かに鈍感すぎるのです。弱点があると信じることで、それを探そうという気持ちが起こり、それが見つかるかどうかも、弱点があると信じることにかかっています。弱点を探すのを習慣にすることです。

情報機関のスパイは、新たな状況や人が通常のパターンからはずれていないか観察すること、変わったものや意外なものに注意すること、手がかりを見つけることを教えられます。彼らは、おかしな発言がないか聞き耳を立て、説明できない行動がないかを探し、神経質な表情が出ないかを監視します。声に不快感や尊大な調子がないか、態度が急に変わっていないか、何か隠している証拠がないかを警戒します。極端な発言があれば調べ、思想傾向や裏の意味を探ります。これが、細心の注意を払って情報戦に勝利する方法です。

しかし、エゴイストに対して懐疑的にならなければいけないからといって、世の中のすべてをそういうふうに扱ってはいけません。如才なくやらなければならないのは、次のようなときだけです。


*相手が正直でないとわかっているとき。

*本当に私情を交えないでいられるとき。

*うまい手が公正な手でもあるとき。

*自分の手腕についてプライドにとらわれていないとき。

*あとで自分の行動について黙っていることが不可欠なとき。

*自然が道を示すとき。なぜなら自然は何よりも気転がきくのですから。自然はなんとすばらしい跳躍をノミに与えたことか。それに、鳥や動物の保護色は不誠実でしょうか？　しかるべき状況で気転をきかすことも、不誠実なことではないでしょう。


策略家にならざるをえないときは、優れた策略家になりなさい。罪悪感を持ち、ためらい、中途半端に利口な計略家にはならないようにしなさい。実行しようがしまいが、です。悪意やいやがらせで脅かされたときに行動する権利は、もちろん協力と助け合いの原則によって制限されます。〝自分を曲げてはいけない〟の考えを信奉する人なら、相手に対する前向きな感情表現を否定するようなやり方はできないはずです。そして、ただ自分のエゴを満足させるためだけに、相手の悪意を追いつめることもしないでしょう。あなたに対して行われる悪事は、生命の法則に反する悪事です。そのつもりで扱わなければなりません。

心を扱うことに熟達した人びとのルールを、いくつか挙げておきます。

《厄介ごとを解決するときの心構え》

*無表情な顔をしてはいけません。そんな表情ではうまくいきません。無邪気で、率直で、穏やかな表情をして、それを保ちなさい。

*どんな状況でも、熱心さは最大の防御です。真剣さは伝染します。人の心をとらえたいと思うなら、自分が夢中になりなさい。

*ヒョウは追いつめられたとき、あくびをして伸びをします。緊張した状況では

リラックスすることほど効果のあることはありません。

＊窮地にあるときこそ自分を笑いなさい。笑いは世界最大の武器です。ほかの人が笑いだすまで笑いなさい。ただし、いつも自分自身を笑うこと。

＊何か不快なことを言わなければならないときは、ゆっくりと、穏やかに話しなさい。声を低くすることほどギョッとさせられることはありません。低い声は、握りこぶしよりも効き目があります。

＊敵に賢いと思われないようにしなさい。愚かに見えれば見えるほど、敵の攻撃は弱いものになります。

＊エゴイストは頑固だと思っておきましょう。彼らに何かさせたいときは、それを言ってはいけません。反対の計画について話し、結局は目的どおりのことをさせるのです。

＊恐怖は強情さよりひどく抵抗するということを忘れないこと。議論によって臆病な人を動かすには、その人が怖がっていることを反対意見の側に見つけ、それについて話しなさい。幽霊の話で、臆病者に狼の森を駆け抜けさせることだってできるのです。

＊他人を思いどおりにしようとしてはいけません。自分自身と、自分の言動を思いどおりにしなさい。他人を操ろうとしても失敗します。奮闘や努力は自分の頭の中でしなさい。

＊トラブルには向かっていくことです。そうすれば追い払うことができます。人の悩みの九割は、人間関係が生み出します。だからこそトラブルへのアプローチの仕方が、結果を決めるのです。めったなことで退いてはいけません。前進して困難に立ち向かえば、そこにいる人間は脇によけます。

＊他人があなたを無視するときは、彼らをどう扱ったらよいか教えてくれているのです。あらゆる場面が、よきアドバイスに満ちています。起こったことから忠告を得れば、どうしたらよいかがわかるでしょう。

＊自分の愚かさを隠す人を信頼してはいけません。朝から晩まで聡明な人はいません。人は知恵があればあるほど、すすんで自分の愚鈍さを認めます。集団の中でもっとも信頼できる人は、自分が絶えず失敗をすると知っている人です。

＊ごまかしをするのは弱さを認めることです。強い人間は策を弄《ろう》さないものです。ずるい人間は、こちらが恐れなければ、自分で恐れて退散します。狡猾《こうかつ》さは思

慮のなさにつながります。詐欺師が利口になることから始めるとするなら、愚かになることで終わります。

■

第10話

孤独から抜け出すには

キャロライン・フェンウェイ、友だちをつくる

■

デイシー社の終業時間がやってきました。

キャロライン・フェンウェイは持ち物を片付けました。

また今日も、スタイル画を描く一日が終わりました。数分後には、満員の地下鉄に乗って、部屋に帰るのです。すぐに一人ぼっちの食事が終わって、今夜もまた小説を読みふけるのでしょう。

ニューヨークのような大都会では、まわりに何百万人もの人間がいても、行ったりきたり、笑ったり、誰もが自分のことだけに忙しく、一人としてこちらを見てくれません。砂漠ですらこれほど寂しいでしょうか？　みんなに無視され、キャロラインは自分の殻に閉じこもるようになりました。おびえたウサギのように、自分の孤独な巣穴の中にもぐりこんだのです。

何カ月もそんな状態で、どうすればそれを変えられるのか、彼女にはわかりませんでした。友達をつくること、とくに素敵な独身男性と知り合いになることなど、とてもできそうにありませんでした。四年間の学生生活のあとで、こんなことになろうとは！　こんな重苦しい暮らしをしてずっと生きていく覚悟など、彼女にはまるでできていなかったのです。

もっと悪いことがありました。キャロラインには夜の逃げ道があったのです。新しいロマンス小説を読むたびに心ときめき、いくらかは慰められるのです。物語が続くかぎり、入れ代わり立ち代り登場する若い女性の喜びや悲しみの中で生きることができました。でもその後で、暗闇の中、寂しいベッドに入るのはつらいことでした。誰もがこんな欲望、肉体的な欲求を持つものなのだろうかと、彼女は思い悩みました。

カーテンが影を投げかける床に、冬の日ざしが模様をつくっていました。キャロラインはもうかれこれ一時間、デイシー社のプライス女性人事部長の小さなオフィスで座っていました。なぜ、どうして、身の上話をすることになったのか、自分でもよくわかりませんでした。自分のことについて話すのには慣れていませんでした。興奮すると口がきけなくなるのは、彼女がずっと悩んできたことです。

「お手伝いさせてもらえるなら、あなたに自意識過剰を乗り越えさせてあげて、お友だちをつくる方法を教えてあげられると思うわ」プライス部長が言いました。

「まず、美術学校の夜間講座に行き、あの恋愛小説を読むのをやめてほしいの。あなたのような状況の女の子にとって、あれは麻薬みたいなものですからね。会社であなたの仕事ぶりからみて、あなたはかなり有望ですよ。昇進して、うちの宣伝部の幹部になってほしいものだわ。それには、もっとデッサンと色彩の勉強をする必要があります。重要なことは、夜、外に出てもらうことね。

若い人は、習いごとをしたり、クラブのメンバーになったり、どこでもいいからみんなが集まるところへ行って、知り合いをつくるものよ。でも、それより大切なことがあるわ。もっとわがままになって活動的な性格にならないと、愛されないわよ。みんなが〝ああ、彼女はお手本になれるいい人だね。でも、ほんとは、退屈なんだよね〟なんて陰で言っているのを聞いたことがあるんじゃないの？　でも、面白くもなんともないお手本なんていやでしょ。もっと何か味のあるところがなくてはね。白いものばかりの料理の食卓につくなんて、想像もできない。でも、多くの人がそうするよう求めるわ。自分の水晶のような純粋さに感動するのを期待してね。私はそういう人たちはつまらないと思うし、そんな人たちが集まっている場所はごめんだわ。私は正気の人がすることをしているだけ。

他人がしたり言ったりしていることに夢中になれるようになりなさい。ほかの人にとってつき合って面白い人になるためには、自分にとってもそうでないといけないのよ。人があなたとつき合いたいと思うのは、あなたのためじゃなくて、自分のためなのよ。相手を哀れな奴隷のような気分にさせるために、とても愛してる、一緒にいたいなんて嘘をつく人もいるけど。そんなのを信じるようじゃ、メンタル・テストが必要ね。

あなたが人のために人生を価値あるものにすれば、人もあなたのために人生を価値あるものにしてくれるわ。人に何か生き生きしたものを与えてあげなさい。相手が自分のために何もしてくれないんじゃないかと心配する必要はないのよ」

「人事部長って何のためにいると思う?」ブライス部長が尋ねました。何カ月かしてキャロラインが、お礼を言い、社交的な集まりでうまくやっていることを報告しようとしたときのことです。

そう、キャロラインはあの問題が突然解決したのです。男の人たちにモテる方法が、彼らの話に耳を傾けるのがうまくなることだなんて、妙なことでした。

ブライス部長は言っていました。

「男の人ってたいていエゴイストなの。こちらのことはあまり聞きたがらないの。自分のことを話したいのね。会ったらどんな話をしたらいいだろうとあれこれ考えるなんて、ばかばかしいことだわ。ただ彼らを優しく見つめて、質問すればいいのよ。あの人たちが求めているのは、あなたのかわいらしい耳なんですから」

不思議だな、とキャロラインは思いました。人間関係に成功する方法って、なんて単純だったのでしょう。今では彼女にもわかりました。寂しくて浮かぬ顔をして、

りました。

まわりに陰気さをまきちらし、くよくよしていたので、みんな逃げ出したのです。ブライス部長が〝友情法〟と呼んでいたものができるようになると、すべてが変わりました。

この賢明な女性部長は言いました。

「人づき合いはひとつの技術です。私は長年のあいだ、人びととの問題を扱ってきた経験から、確かな教訓を得ました。自分の大きな願望が実現したときに演じたい役を、ことあるごとに練習するの。すると、その願望を遂げることができます。それが人生の法則。

この会社にいる大勢の女の子たちとうまくつき合えるようになりなさい。新聞スタンドの男の子に陽気な言葉をかけて、駅で靴を磨いてもらっている人ともおしゃべりしなさい。できるだけいろんなところで社交的になってごらんなさい。ほかの人たちの会話にも加わりなさい。何を言っているのか思い描くの。そのことについて考えて、相手の気持ちになって感じようと努力するのよ。コミュニケーションは人間関係の核心です。自分の殻から出ないかぎり、人生はどうにもなりません。

あなたがうまくしゃべれないのは、空想の恋人が現れて、孤独から救い出してくれるのをばかみたいに待っているからにすぎません。そんな人はやって来ないのよ。人びとが現実に生きているところで、彼らの心の中に手を伸ばし、それに触れることを学ばないかぎり、そんな恋人は決して見つからないわよ」

妥協するのがいいことだと思っているかぎり、その人はきっと妥協的な生き方をすることになるでしょう。自分が必要としている愛と喜び、そして自他へのリスペクトの権利を積極的に要求するようになったとき、その人は愛と喜びを見出し、満足することができるのです。

これは、キャロラインにもすぐにわかったように、他人の満足を横取りすることではありません。むしろそれは、出会った人の人生に何かをもたらすことで幸せを見出すことでした。彼女は、出会った男性たちが妥協的な生き方をやめるのを助けることによって、自分自身のカップも満たしたのです。

第11話

結婚につきまとう危険

自分が誰を愛しているのかがわからないキャロライン

■

一年が過ぎました。キャロライン・フェンウェイは、憂鬱そうな目で灰色の夜明けを見つめていました。

ついにキャロラインは、待ち望んでいた愛を得ました。でも、彼女が輝きの時となるだろうと思っていたものは、激しい苦しみしかもたらしませんでした。

彼女は数々の勝利をおさめてきました。美術の講座は、愛だけでなく、ブライス部長が予言していた宣伝部への栄転ももたらしました。仕事には満足していましたし、広告の制作でクリエイティヴに自己を表現していました。もちろん、絵を描く仕事ではありませんでした。でも、いつかそれもできるでしょう。仕事はうまくいっていました。

今では問題ははっきりしていました。結婚すべきか？　そうしたら仕事はどうなるだろう？　そして、自分を大好きらしい二人の男性のうちのどちらと結婚するか？　私は二人のうちのどちらを愛しているのだろう？

二人ともこの夏には彼女と結婚したがっていて、彼女も、自分が何よりも結婚することを望んでいると、認めざるを得ませんでした。性的な欲求の誘惑にかられてからずいぶんになります。何度も彼女が感じていた静まることのない渇望が、もう少しで満たされるところまできていたのです。

その日の午後遅く、キャロラインは思い切ってブライス部長の小さなオフィスに行き、いくぶん恥ずかしげに事情を話し始めました。

「また来てしまいました。でも今度は、友達ができないからではないんです。たぶん――つまり――ちょっと効きすぎたみたいです。私、ほんとうにモテるみたいで、二人の男性から結婚したいって言われました」

それからキャロラインは、自分の困った状況について、そして間違って愛してもいない人と結婚したらどうしようと、心配で夜も眠れないことを話しました。二人とも、自分を熱烈に愛してくれているように思えたのです。

「運がいいじゃないの」ブライス部長が言いました。

キャロラインは、その言葉に含みでもあるのかとチラリと見上げましたが、ブライス部長はしっかりと彼女を見つめて微笑んでいました。それからこの敏腕と言われている女性部長はある話をしました。二人の男性が不幸にも自動車事故にあって、重傷を負うという話でした。

話があまり真に迫っているので、キャロラインは手を握りしめ、目に涙をためながら聞いていました。

「いいえ、いいえ、そんなこと」彼女は悲鳴を上げました。

「もちろんこんなこと起こりませんよ。でも、どちらの人のところへあなたは行くか、どちらを愛しているか、わかったんじゃない？」

キャロラインがうなずきました。

「リチャードの方です」

ブライス部長は話を続けました。

「ねえ、わかるでしょ。愛は人物の値打ちの問題ではないの。才能とか物質的な豊かさに左右されるものではないの。相性の問題なのよ。不思議な引き合う力、引力とでも言えばいいかな。

あなたの場合、内気なところが直ったといっても、まだ少し男性恐怖症ぎみで、いまだに男性が怖いし、彼らとの関係についての自分の判断に不安があるようね。アトウッドはいい人で知的で、地位も確立していると思うのね。彼が粘り強く積極的に求婚してきた。でもあなたが愛しているのはリチャード。彼が貧乏で、それほど頭が切れるというわけではなくてもね。彼の優しさともの分かりのよさを感じているの。あなたの心が彼の誠実さを知っているのよ」

「彼といると落ち着くんです」キャロラインが同意しました。

「それがいちばん確かなしるしですよ」ブライス部長は続けました。「あなたに二人の男性それぞれの相対的な長所について質問しても、参考にならなかったでしょうね。あなたは私を惑わすような、意識的に考えた答えをしたでしょうから。だから、あなたの内面の感情に触れるような、想像上の体験をしてもらう必要があったというわけ。それで、あなたたち三人が自動車事故にあって、男性が二人とも怪我をするという、あの話をしたのです」

「あんまり話がお上手なので、すっかり引き込まれてしまいました。例の小説を読んでいたときみたいに。でも、私、アトウッドのところに駆けつけたりはしないということが、すぐにわかりました。もしリチャードの身に何かあったら、私、耐えられません」

「もし彼と結婚しなかったら、あなたの人生はそんなふうになるわ。もしアトウッドと結婚したら、空想の中ではまだリチャードと一緒にいて、彼がどうしているかあれこれ考えて、胸が張り裂けるような思いをするでしょうね」

「それがわかるようにあんな方法を使うなんて、どうしてそんな知恵をお持ちなんですか？」キャロラインが尋ねました。

「知恵ではなくてね、ただの訓練なの。今ではわかっているわ。どんな深刻な問題でも、人の思考を体験化して、問題が人生の実際の出来事であるかのように悩んでみる、その方法を知ることに秘訣があるのよ。そして、深く主観的に思いをめぐらす必要もあるわ。あなたをあの話に引き込むことで、私は二つの目的を達したのよ」

人生の困難を解決するために、私がひとつだけアドバイスをするとすれば、それは、自分自身の思考を体験化しなさいということです。理論を具体化するのです。感情を想像上の行動に移すのです。自分の考えを、どんな行動になるか思い描くことによって、試してみるのです。

キャロラインに葛藤《かっとう》があったのは、自分の愛のもつれについてくよくよするだけで、深く考え抜くということをしなかったからです。彼女はアトウッドの好ましい長所を理屈で分析し、リチャードについても同じように論理的に判断を下していました。彼女は、リチャードを愛しているせいで彼に性的に魅かれていることを、自分にさえ隠していました。そのうえ、アトウッドは熱烈に愛を表現しました。今ではキャロラインにもわかります。お金を持っていることが、彼に自信を与えていたのです。一方のリチャードは、キャロラインにふさわしいと思うことをすべてできるか自信がなくて、ためらっていたのです。

自分が恋をしているとき、たいていの人は、相手を無理にでもリスペクトしなくてはいけないというバカげた考え方で、所有欲の強い愛情行動に惑わされてしまいます。愛されると、恋人の目には、自分が人格的に値打ちがあり、徳が高い人間に見えていると思えてくるようです。そして二人は譲歩し、結婚し、そしてそのあとどうなるかはご存じでしょう……よくある結末です。

相手が自分を愛してくれているから、それだけの理由で結婚してはいけません。女性も男性も同じです。でもそれは完全な理由でなく、ときにはよくない理由です。

もし相手が所有欲が強くて嫉妬深いなら、あなたを本当に愛しているのではありません。あなたを自分のものにしたい、ただそれだけです。自分のエゴを満足させるために、あなたを所有する必要があるのです。あなたを奴隷とすることで力を得ようとしているのです。もしそんな貪欲な心を満足させたら、一生後悔するでしょう。所有欲が強く嫉妬深いのは、他人を食いものにする肉食動物の性向です。

相手の人がいとおしいと思えるときにだけ結婚しなさい。あなたが愛しているから結婚するのであって、相手のために犠牲になろうとか、相手を所有したいとか思って結婚してはいけません。自己否定と所有欲という双子の災いが人間関係に割り込んでくると、一緒に地獄がやってきて、愛は逃げ出してしまいます。

もし自己犠牲に基づいて結婚したら、きっと世の中でもっともつまらない結婚相手を選ぶことになるでしょう。なぜなら、それが最大の自己否定だからです。

実際、愛の法則は、自己をリスペクトしない生き方が愚かな行為であることを証明するものです。最初の直感的な願望を背後に追いやってしまえば、結婚はただの売春や買春になってしまいます。自分の愛の真実と純粋さ以外のものに導かれて結婚することは、完全に犯罪です。

他人を喜ばせるために結婚してはいけません。それは愛を汚すことを意味します。たとえ結婚生活が離婚で終わらないとしても、本当は離婚すべきです。いつかどこかで対の片割れを求める本当の深い欲求が高まって、妥協に基づく関係が激しい苦痛となります。誰かほかの人が、愛のゆくてをふさぐのを許してはいけません。さもないと、自分がその人のために愛情あふれる幸福のチャンスを犠牲にしたことで、相手をひそかに憎み、傷つけることになるでしょう。

父親であれ母親であれ、息子であれ娘であれ、そして――そう、夫であれ妻であれ、誰であれ、あなたの人生に愛が訪れたことの結果を、あなたと一緒に受け入れてもらわなければなりません。愛にさからわず、愛のもとへ行きなさい。しかし、自分の覚悟ができるとか機が熟すまで待つといった、いい加減な気持ちではいけません。何ごとも、やり通すことができないのなら、手をつけないことです。

何より重要なことは、恋人のままでいられない人、結婚という契約に守られていなければ一緒にいられない人、とは結婚してはいけないということです。男が、男であることを犠牲にして夫になるには危険がつきまとうものです。そしてこうした夫婦関係のなかでアイデンティティを失えば、彼は結局、夫婦の関係自体を失うでしょう。もし彼がうわべだけの親密さに身を隠し、女性が問題を彼に押しつけ、社会が彼を重荷を背負う望みのない立場に押しやるからといって、従順な奴隷のように行動すれば、しまいには彼は誰からも望まれないうつろな人間になるでしょう。

愛には〝つねに自分であれ〟という基本ルールがあります。そうすることから始めましょう。それが唯一、身を守る方法です。相手の心を勝ち取るために本来の自分に反することをしてはいけません。そんなことをすれば、厄介な結果になるだけです。女性でも男性でも、ありのままのあなたを好きなのでなければ、本当のことがわかったとき、ひそかにあなたを憎むようになるでしょう。

結婚相手の付属物になってはいけません。自分が生まれながらに持っている渇望と知的価値観を失わないようにしなさい。夫に家に閉じ込められたり、飼い犬が犬小屋につながれるように妻によって家に縛られたりしないように。自分の人生が第一であって、妻や夫のものになるのは、彼らがあなたを所有しようとしないときだけにしましょう。

そして成熟の法則を忘れてはいけません。二〇代で結婚する人は、多くの点でまだ成熟していないときに結婚することになります。その年齢ですっかり大人になっている人はいないのですから。二人とも成長している途上なのです。

考えるべき重要なことは、「本当はどんな人なのか？」ではなく、「この人はどんな人になるのか？　どちらへ向かっているのか？　どのように成長しているのか？二五年後にはどんなになっているだろう？」ということです。

相手はあなたと同じような方向に向かって成熟しているでしょうか？　二人は共に成長していけますか？　それができますか？　もしそうなら、一緒にやっていけます。もし反対の方向に成長しているなら、自然と離婚しなければならなくなるでしょう。進化の考え方が、結婚を考えるうえで不可欠です。それはさらに、あなたを完全主義から救ってくれます。未来の結婚相手を、九〇歳になったときの相手に望むような理想を基準にして判断するのはばかげています。二九歳ときにはそれほど賢く、優しく、思いやりがあるはずがないのです。円熟した理解力を養うには、何年もかかります。

もし恋人がそんな成長を約束してくれるなら、それはたいしたことです。もしそれが自分と同じ種類の成長で、相手が自分と同じ価値観を持っていて、自分と同じ心の言葉を話していれば、これ以上のことはありません。

でも、もしあなたが静かなのが好みなのに相手がにぎやかなのが大好きなら、あなたが美術館めぐりをするのに相手がクラブめぐりをするのなら、結婚はしないように。何年かの偽物の結婚生活ののちに目が覚めて愛ではなかったと気づくより、今の時点で愛を失う方がましだという事実をまっすぐに見つめて、思い悩むのはやめましょう。

愛の問題で妥協すると、人生の基本を否定することになり、さらには人生のすべてを破壊してしまうことにさえなります。それだけではありません。あなたは結婚相手の人生を妨害することにさえなるのです。相手と一緒に暮らす、あるいは相手に頼って生きる、まさにその行動によって、相手の人生を奪うのです。

このようなわがままは、人間関係の基本原則を侵しています。結婚が相手とのリスペクトをめざさず、そのときの気まぐれで望むものを手に入れようとしているだけなら、あなたが人生に求めている生き生きとした活力が、二人の暮らしから失われてしまいます。

第12話
人を正しく引きつける術
苦境に陥った販売部長

■

ジョンは言いました。

「うちの製品は売れません。会社は危機に直面していて、会社の人間はそれを私のせいにします。私は販売部長なんです」

私は尋ねました。

「問題を解決するために、どんなことをしてきたのですか？」

「広告費をできるかぎり増やして、関係の卸業者に一人ひとり会いました。セールスの手法についてはひと通り知っていますから、精力的な売り込みから酒席の接待まで、あらゆる手を使いました。でも、お店に並べても、消費者が買ってくれないのです」

「何を作っているのですか？」

「新聞スタンドで売るキャンデーです」

「では、ビジネスマンとかＯＬとかが、おたくの製品を無視して通り過ぎるということですね？」

「確かにそうです」

「値段はいくらですか？」

「ほかのと同じですよ」

「サイズは？」

「どちらかというと大きいですね」

「キャンデーをいくつか持ってきてください」

彼は出て行き、しばらくして戻ってきました。私はキャンデーを手に取りました。

それは緑色の油紙に包まれていました。その紙には、小さな字がびっしり印刷されていました。包装紙を一〇〇枚集めてもらう景品についての説明です。印刷は黒と青でした。インクのにおいがしました。

「これを動物園のサルに与えたら、放り出すでしょうね」私は感想を言いました。

「可能なかぎり上質で添加物のないものですよ」相手は声を上げました。

「それでも、放り出すでしょう」

「でもどうして？」

「この緑の色は毒草か、銅の表面にできる毒の色でもありますから。この青みがかった緑というのは、危険を警告する色なのです。それに、インクのひどいにおい。サルは包み紙の中身を見ないでしょうね。私だってそうですよ。サルなら投げ捨てるし、私なら買いません。だからビジネスマンもＯＬも買わないのです。おたくの製品の包装の仕方では、全然買う気が起こりません」

こんな会話をした頃、この会社の競争相手の多くが、消費者に商品の中身が見えるように、透明な包み紙で包装するようになっていました。私は彼に、その例を見習い、外側に光るシンプルな白い帯をつけるように言いました。ひと月もたたないうちに、その会社は赤字を脱出しました。

すでに競争相手の会社が採用していたのですから、まったく取るに足らない提案だったと言われるかもしれません。でも、それでも人びとや会社が実行しないのは、根底にある原則に従わないからです。

誰かに何かに興味を持たせる唯一の方法は、相手の利己心に働きかけることです。これは、立派な理想主義者を扱うときにも、『ベニスの商人』のシャイロックのような欲張りを扱うときと同じように、真実です。献身的にボランティアをする人も、その仕事に関する話をすれば関心を持ちます。こういった人も、自分の責任をうまく果たしたいのです。

知性が欲求を満たします。私たちは、頭を使って自分の願望を実現するのです。この事実を無視すれば、キャンデーを売ることも、相手を納得させることもできません。この事実を受け入れれば、あなたは家族の協力、そう、小さな子供の協力さえ得ることができます。

何といっても自己保存があなたの原動力だとすれば、あなたが相手にしなければならない人びとについても、同じことが言えるのではないでしょうか？　相手の興味と欲求に注意を払いましょう。どうすれば相手を慰め、元気づけることができるか、よく考えてみましょう。このとき相手の反応を得ようと努力する必要はありません。

幼い子が遊び友達に自分の家に来てほしいと思ったら、友達のところへ行って連れてきます。これが賢い行動です。人に自分と同じように考えて欲しいときは、相手の心の中に入って、その人が「これならあなたと一緒にやってもいい」と思っていることを見つけなさい。そして、しばらく一緒に考えてみないかと誘うのです。

しかし、もしあなたの考えが混乱しているなら、相手もそれを気に入ってくれると期待してはいけません。知的な親交をするためには、複雑なものも単純に、曖昧なものも非常にはっきりとしたものになるまで、考え抜くことが必要です。どんな老人にも理解してもらえるくらいわかりやすい言葉で表現しないかぎり、何の話をしているのか誰にもわかりません。

私の研究所のスタッフの一人が、机の上にテディベアを置いて、毎日ながめていたことがあります。彼は、自分の専門的な事柄を、テディベアでさえ理解してくれるくらいわかりやすいものにしようとしていたのです。それは技術を要することです。

数年前、東部の小さな町へ行こうと列車に乗ったときのことです。五時間の旅でした。サロンカーに外国人のような風貌の人がいました。私たちは話を始めました。その人はコックでした。ニューヨークの大きなホテルのシェフだそうです。私たちは愉快に過ごしました。彼は、食べ物の心理学、人びとの奇妙な食事の好みについて、面白いことをたくさん話してくれました。

旅の帰り道でも、寝台列車で別の男性と出会いました。その人は牧畜業者の団体の会長でした。私たちは話を始めました。そして大いに楽しみました。彼は、牛の品種改良について、さまざまなことを話してくれました。それは、人間の性格にもそのまま通じる内容でした。会話の技術は単純です。相手の考えの中に、自分の興味を引くものを見つけることです。

成功する話し方は、雑誌の魅力的な記事に似ています。聞き手になじみのある話題から始めて、しだいになじみのない話に移ります。重要な事実を相手の前に放り出すようなことをしてはいけません。無愛想だと、たいてい退屈で面白くない話になります。相手がどう思っているかから、相手に何を納得させたいかまで、さまざまなことにあらかじめ順番をつけて、相手が自分の結論に至るよう階段をつくっておくようなやり方をするのもやめましょう。

たいていの会話は、始まる前にダメになってしまいます。あまりに多くの人びとが、相手が言っていることを理解していないうちに、相手の言うことに反対することによって、うまく議論が展開するという考えを持っているからです。

「こういう意味でしょうか？」「こういうお考えですか？」「あなたの考えを、私の言葉で繰り返させてください。そうでないとよくわからないので」と言えるようになりましょう。相手が感じていることもすすんで言葉にし、相手の不安が何を暗示しているのかを知ります。

しかし、相手の思っていることを言い表すことができるからといって、それで相手に恥ずかしい思いをさせてはいけません。ほかのみんなが思案して言葉にできないでいることはきっとこれだと思って、それをどんどんしゃべる人ほど不快な人はいません。「君が言いたかったことはこれだね。でも言う勇気がなかったんだろ」などと言えば、それが傷害事件の理由になってもしかたがありません。これほど自分自身の権利のことを気にするのですから、ほかの人もそうだと思うのがまともな考え方です。

精力的な会話術を勧める人たちは、「まず他人を夢中にさせる」ということをよく言います。まるで、聞くことで興奮が始まるとでもいうようです。しかしこの考えは間違っています。死んだような頭では、誰も活気づけることはできません。自分自身の熱意だけが、相手をその気にさせることができるのです。あなたに火をつけたものが、ほかの人も燃え立たせるかもしれないのです。

他人が必ず応じてくれるような、生き生きとした人生を送るようにしなければなりません。誰かの情熱をいじくるようなことをしてはいけません。相手の感情はそっとしておきなさい。自分の感情を解放するのです。そしてそれが明るく燃えれば、相手も温かまってくるでしょう。

私の父は、誰かに何かを納得させたいときには、自分がどうして納得したかを話したものです。相手にプレッシャーをかけるようなことはせず、どうして自分にとって大きな意味があるのかだけを説明しました。そして考えてみると、彼は家族にとってさえ抗し難い人でした。

セールス講座の本を書いている多くの人が、人の注意を引きつける方法について述べています。そんなのはくだらない考えです。誰かの注意を引きつけることはできません。まずは相手の注意がどこに向いているかを知らなければなりません。そしてその中心にあなたの関心事をもってきて、あなたが考えてほしいと思っていることを、相手の視野の中に入れるのです。

たとえば相手がお金を欲しがっているとします。相手が必要な出費だと思っていた支払いの一部を正しいやり方で免れることができると証明でき、そしてそれでも相手がやましく思わなければ、注意を引くために精力的にセールスマン精神を発揮する必要はありません。

人びとに自分が望んでいることをさせる最良の方法は、たいての人が相手に加えるようなプレッシャーを完全になくし、むしろ何もない状態になって、その親しみやすさが吸引ポンプのように働くようにすることです。そうすべきだという気持ちにさせられるからという理由で親切にしたいと思う人はいません。あなたのためにわざわざ何かをする必要はないということをはっきりさせれば、相手は自分の気前のよさであなたを驚かしたいと思うものなのです。

どんな場合でも、誰かに選択の権利を放棄することを強要してはいけません。相手のエゴイズムにさりげなく訴えることで注意を引きつけられると思ってもいけません。プライドの引力よりも、心の底にあるリスペクトのパワーの方が、駆り立てる力はずっと強いのです。

■■

第13話

こうしてトラブルは成長する

いかにしてワトソン氏の手に負えなくなったか

トラブルは徐々に私たちを巻き込んでいきます。クラレンス・ワトソンの場合はこうでした。

クラレンスが妻のグレースの懇願に負けて、グレースの母親との同居を決めたときは、こんなに大変な事態に発展するとは思っていませんでした。彼女の弟のフランクを自分の会社に入れたときも、それは純粋に親切な行為のように見えました。

当然のことです。母親というものは自分の息子とできるだけ一緒にいたいと思うものだ、それを否定する人はあまりいないだろうと、クラレンスは考えたからです。

厄介な状況というものは、あなたが知らないうちに、あなたのまわり、あるいはあなたの真上で、無数の事情で大きく成長していくものです。最初にグレースの願いに屈し、最終的にクラレンスが重荷を背負うまで、どこかに線を引くことはできません。今では彼には安らぎもなく、気難しい女性に結婚生活を台無しにされているのです。

ストレスが耐えられないほどになる場面はありませんでした。グレースの態度にも目立った変化はありませんでした。ただ、クラレンスが新たな負担を引き受けるたびに、妻の夫へ愛は潮が引くように消えていきました。それは、彼が妻の身内のために何かすればするほど、妻のために何もしてやれなくなったからです。

あなたはこの不可解な矛盾をどう思いますか？　他人のためにどこまでも骨折りをする人は、犠牲を捧げたその人の愛を失うのです。

これは事実というだけでなく、ある法則に従っています。人が愛してくれるのは、自分が今あるような人間だからです。他人が押しつけてくる重荷の下に私たちが埋もれてしまえば、相手は無意識のうちに、重荷のせいで魅力が失われたのを私たちのせいにするのです。

しかし状況がひどくなっていくあいだも、心配する人はほとんどいません。そのときはそれほど深刻だと思わないのです。危機が来るのは、自分が埋もれてしまったことに気づいたときです。そこから脱することは、自分をそこに入り込ませた生き方を否定することを意味します。

クラレンスは、どうすれば義理の母の憎しみをかわず、義理の弟から敵意を向けられず、苦々しい非難の応酬をすることなしに、この状況から自由になれるのでしょう？　それにもし彼の〝良心〟はまだ傷つきやすく、たいていの男たちのように病的で、恐怖に支配されていたら、たとえ自分を圧倒する問題を解決しようとしたとしても、良心の呵責《かしやく》で苦しむほどの罪の意識を持ったのではないでしょうか？

このような状況や、クラレンスと同じような無数の不当で不幸な状態に対して、そうなることを許した悪習を拒否すること以外に、答えがあるでしょうか？　そして、このような苦しいジレンマから抜け出せなくなったときは、こういった迷信を心から放り出し、そうすることによって、他人のことに口出しする人たちの感傷的なわめき声に影響されないようにするべきではないでしょうか？

自分を批判する人たちの無知を知り、彼らの美徳の中身のなさを知ることによってはじめて、自由を得ることができます。

私たちのまわりでトラブルが大きくなっていくのは私たちがそうさせるからで、「自分に完全に忠実であれ」という鉄則を実行しないからそうなるのです。どんなときにも自分を曲げない人は、自分の人生に重要なかかわりがあることに、厄介な状況がひそかに近づいていれば、すぐにそれがわかります。彼が拒否するのは、怒りっぽいプライドのためでも、エゴを満足させるためでもありません。自分の行動が結局はみんなのためにいちばんよいことだと信じて、あえて抵抗し、あえて波風を立てるようなことをしているのです。自分が妥協すれば、必ず他人も妥協させることになるのです。

あなたも私も二つの悪の挟み撃ちにあっています。道徳家は、破壊的で非現実的な倫理、誰も実行できない自己否定の教えを説き、不平を言ってはいけないと言います。しかし人間は、この無気力な利他主義とは対極の生き方をします。それは、突進するピューマと、ブルブル震えるクラゲほどの違いがあります。

何世紀ものあいだ、私たちには実用的な哲学はわずかしかありませんでした。味気ない精神主義と獣のように奪う生き方との間の、真の中道の生き方を知らなかったのです。ステンドグラスの聖人のように行動するか、暴君のまねをするかのどちらかだったのです。

このように知性を奪われて、心が二つに引き裂かれてしまったため、状況はさらに悪くなっています。私たちの力の半分以上が、埋もれたままになっています。心理学者たちは、無意識について多くのことを書いています。慣習の重圧や陳腐な教義によって、無意識は抑圧され、退けられ、罪悪感でいっぱいになっていると考えるべきです。

知的な能力を前面に出す一方で感情を抑えているため、多くの人びとが精神的におかしくなる状況にあります。形式主義者が建てて崇拝した金の子牛の像にまでさかのぼる、堕落の記録を知らないのです。

人生は、誰にも想像できないほど大きく、どんな考えも及ばないほど深いものです。その謎を解き明かすことが重要です。洞察には現実との結びつきが必要です。

人生が私たちに求めているのは、この現実との接触です。その目的は、不幸を背負い込むことでも、耐え忍ぶことでもありません。経験は、悪いことではなくよいことが起こるように、私たちを鋭敏にする役目を果たします。

こういったことから、トラブルに対処するうえで重要な七つのルールが導かれます。

《トラブルに対処する7つのルール》

①最後までやりとおすことができないようなことは、しようとしないこと。
②今の状況がどうかではなく、どうなる可能性があるかということで判断すること。
③トラブルは、静かに、ひそかに、信じられないほど大きく成長していくことを忘れないこと。
④自分は耐えられなくなるかもしれないと考える分別を持つこと。
⑤面倒が起こる前に拒絶する勇気を持つこと。
⑥誰が「たいしたことになるはずがない」と言っても、それを信じないこと。

たいしたことになる可能性はかならずあるし、たいていそうなる。

⑦自分のまわりで事が大きくなってきたら、思い切ってそれから抜け出すこと、今すぐに！　放っておいたらますます悪化して耐えられないほどになる。

何にでも、誰にでも、限度というものがあります。それはあなたにも言えることです。自分を怒りで満たす人間や物事が、もうそれ以上耐えられなくなるときがやってきます。妻、姉や妹、母親、父親、夫、同僚、上司、時間、隣人、仕事、群衆、うるさい訪問者……誰だろうと何であろうと、それがもとで生まれるいら立ちが、はけ口を与えるより速く大きくなるのなら、いつかあなたは、限度を越えてしまって、とんでもないことをしてしまうでしょう。

そんな飽和点に達するのが避けられないなら、今のうちに変え、爆発が起こる前に、引っ越したり、友人との関係を絶ったり、親戚に出て行ってくれるように頼んだり、自分が出て行ったりした方がいいのではないでしょうか？

自分の〝潮時〟がなくならないかぎり、あなたの方がダメになってしまいます。グズグズ考えていたら失敗します。生きる術の半分は鋭敏さにあります。人生は好機に満ちていますが、小さなチャンスの速い流れです。ささいな出来事を寄せ集めて突出したものにしないかぎり、重要な時間も、重大な瞬間もそうそうあるものではありません。作戦を立てる戦略家のように自分で潮時を招く人は、その到来をひたすら待つ必要はないのです。

倫理的な価値観のせいで、思い切って断固とした態度で困難に対処したことがない人は、おそらく他人に自分の間違いを正当化してもらうのが習慣になっているのです。母親を一人暮らしにすることになるからという理由で、愛する女性と結婚しなかった人は、自分の犠牲がどれほど気高いかを言ってくれる、人生に失望した大勢の悲観論者を簡単に見つけることができます。

自分の可能性より低い目的のために自己否定をするのは罪です。もし神様が、自分たちのために新しい家を建ててほしいという家族の望みをかなえるため、教えを説き、人びとを癒《いや》す自分の力を否定したとしたらどうでしょう！　この種の利他的行為は悪です。大勢の人に唱導され、たたえられている悪です。

クラレンス・ワトソンのまわりで大きくなっていったような状況を我慢するのは過ちですが、それから抜け出そうと自分に誠実であるときは違います。一般に行われている自己犠牲のもっとも悪いところは、その不誠実さです。そのまわりには悪臭がただよっています。腐っていくエゴイズムがプンプンにおっているのです。

自己を無視すること、自己へのリスペクトの放棄は一種の自殺行為です。本来の自分が損なわれていく第一歩です。この精神的な自己破壊は、たいてい実際に命を奪う前に起こります。どこかで、辛抱強く耐えるという邪悪な教えが働いていたのです。もちろん、最終的に肉体を殺すことは、究極の犠牲にほかなりません。

第14話

男女の仲に必要なリスペクト

若妻ケイト、危機に陥る

■

それは、ケイトが大好きなさわやかな秋の日のことでした。

しかしこの日の午後は、黄金色の葉がまわりに落ちてきても、彼女は目もくれようともしませんでした。

ケイトは足早に歩き、めまぐるしく考えていました。誰かに打ち明ける必要があります。親友のバーバラに話した方がよさそうです。

夫のピーターはあまりに鈍感でした。彼は物事の上《うわ》っ面《つら》しか見ようとしないのです。彼にとっては、涙は涙でしかありませんでした。

ケイトに突然、結婚生活の危機がやってきました。もうずっと長いこと、夫の未成熟ぶりになんとか合わせてきました。彼の無関心さや、大人の男性として間の抜けたことばかりするのには、もう慣れっこになっていました。ささやかながらロマンティックな雰囲気も、ハネムーンで終わってしまいました。夫がヘレンとマリーを無視するのにも、なんとか対処できていました。多感な年頃の二人の娘たちを理解してくれるような父親ではなかったのです。

ケイトをとらえているのは寂しさでした。音楽や才気あふれる会話でいっぱいだった学生時代のことが思い出されました。あの頃は人生にドラマと美しさがあり、観るべき演劇、議論すべき本がありました。ピーターはそれを「インテリぶっている」と言い、彼女が話をしたいと思ったときには、ラジオのスイッチを入れてジャズを流すのでした。

バーバラの家の陽気な雰囲気には、心を癒してくれるところがありました。この美しい午後を自分の愚痴で台無しにするのは嫌でしたが、気づかないうちにつまらない話が口をついて出るのでした。

「もう耐えられないわ」という言葉で、ケイトは話を締めくくりました。

バーバラは、ときおり思いやりのある言葉を挟みながら聞いていましたが、こう言いました。

「もちろん、私にとってもこれは初めて聞いた話っていうわけじゃないのよ、ケイト。うちのジムと私もそういったことについて話し合ったことがあるわ。誰にも言ったことはないけどね。たいていの人が、友人の結婚生活がどんなだか知っているというか、なんとなく感じているものよ。ときには原因がわかることもあるわ。私、あなたが言っていることは全部事実だと思う。ピーターは大人じゃなくて、表面的な面白さにしか関心がないのね。仕事に追われているんじゃないの。家にいるときは、頭をからっぽにして過ごしたいんだわ」

「でも、あんなバカなことして過ごさなくても……」ケイトが口を挟みました。

「私、あの人の注意の半分も引けないの。彼って、出費については文句を言うのに、家計のことは考えてくれない。私が面倒なことを口にすると、不満を言っていると思うのよ」

「そして言い争ったあげく、一晩か二晩、帰ってこないんじゃないの？」バーバラが尋ねました。

ケイトが黙ってうなずきました。

「私――ほかに女がいるんじゃないかと思っていたほど。でも、どうやらそうじゃないみたい」

「いるのよ。男にはいつだって、ほかに女はいるわ」バーバラがゆっくりと言いました。

それから、友人の目に浮かんだ苦悩を見て、こう付け加えました。

「でもそれは、肉体的なものじゃないわ。あなたも、結婚したい男性について夢を持っていたでしょ。その人は自分を本当に理解してくれるはずだった。ピーターにも妻についての夢があるのよ。彼だって、空想していた理想の結婚相手とはかけ離れた女性と結婚したのよ。そして今、彼は結婚生活を破滅から救おうとはしない。鈍い夫のふりをしているのよ」

「でもバーバラ、彼はいつだって私に、自分と同じように考えたり感じたりするように要求するのよ。私の望みなんて全然考えてくれないんだから」

「彼がそうしなくちゃいけないの、ケイト？」

「え、そうじゃないの？　そうしなきゃ、結婚生活を続けていくことなんてできないわよ」

「私の言いたいのは、あなたって、夫の興味に合わないものはすべてあきらめることによって、家庭を守ってきたように思えるってこと。彼のやり方に自分を合わせようとしていた。音楽も、いいお芝居が好きなことも、文学のお友だちも、犠牲にしてきたのよ」

「でも、そうすべきじゃないの？　そうしないと自分勝手に思えるわ。ああいったものはピーターを退屈させるから」

「でも、その結果を見てごらんなさい。あなたも退屈な人間になってしまった。何より悪いのは、あなたがピーターにとって退屈な女性になっていることよ。かつては彼もあなたのことをリスペクトしていて、あなたのために一生懸命してくれたこともあったでしょ。あなたのことを魅力的だと思っていたのよ。今では、関心がなくなってる。まだ別の女性に目を向けてはいないでしょう――頭の中でだけでしょうね。でも、きっと現実にそうなるわ。あなたがつぶれかかっているんだもの。あなたがしているような控えめな態度では、結婚生活の問題を解決できない。むしろダメにしてしまうのよ」

「自分の好きなことをすべきだって言ってるの?」

「ピーターと恋愛していた頃、そうしてたんじゃないの?」

「もちろんしてたわ」

「そしてその頃、彼はあなたを愛してなかった?」

「彼ったら、私のことあがめていたわよ」

「ほら、それが答えよ。自分を理想の妻だと考えて、小さな鋳型にはめこもうとするのはやめなさい。昔のような、活発で人生を愛するケイトになりなさい。そうして、何が起こるか見ていなさい。ピーターは、あなたが思っているほど絶望的でも退屈でもないわよ。必要なときにはとても面白い人になれるわ」

ケイトは突然顔を上げ、友人の顔を探るように見ました。

「彼、あなたに何か言ったの、バーバラ?」

「男は誰だって、耳を傾けてくれる女性に話すものよ。昔のケイトになって、彼がどうするか見ててごらんなさい」

一カ月がたった頃、ピーター・バーンズは通勤電車から、少年のようにひらりと降りました。なぜかはわかりませんが、このところ、人生が面白くなってきたのです。ケイトの最近の行動には激しい反発を感じていたので、彼女の行動が新鮮さをもたらしたというわけではありません。でも今、ケイト自身が新鮮なのです。

彼女はどこか変わりました。いや、変わったのでしょうか？　再び昔の彼女、大学時代に彼がリスペクトしていた女性に戻ったようなのです。メイクをしたわけでもないのに頬に赤みがさし、すばらしい秘密でもあるかのように目が輝いています。何より、あのユーモアが戻ってきました。かつての、おどけたオウムのように勢いよく飛び出していた、むこうみずなウィットが戻ってきたのです。何かが起こったのです。

二、三週間ののち、ケイトが再びバーバラに会いに行きました。

「ああ、バーバラ」ケイトが声を上げました。「もしあなたが、あの男女の仲の知恵を、ソーシャルワーカーの経験から学んだのなら、私、それを世の中の女性全員に勧めるわ。あなたが言うようにそれは心理学の基礎かもしれないけど、私にとっては特別なことだわ。あなたが私に言ってくれたこと、自分自身が幸せであることが愛情関係をうまくいかせる秘訣だっていうことがどういう意味か、今では私にもわかるわ。与えるべき喜びを自分が持っていなければ、相手に喜びを与えることはできない。愚かな妥協をして自分が満たされていなければ、喜びを持つことはできない。そういうことね。

私、家で従順な奴隷でいることはやめたわ。忠実な家政婦みたいに働いて、ご主人様のお帰りを待つのはやめたの。家にいることもあればいないこともあるけど、家にいるときは、死んだような妻ではなくて生き生きした女性として夫の前に出るの。それについても、もう欲張らない。夫が気に入ることをもっとたくさんするのは、自分自身が満足するからよ」

私たちが男女の生活において、自分を曲げるようなことをすべて拒否し、それでいて相手に強要しないでおく賢さがあれば、男女の関係はうまくいきます。私たちは、共に持っている欠点を優しく理解して相手に合わせなければなりませんが、だからといって、本来の自分からはずれたことをしなければならないということでもないし、その必要もありません。

男女の間では、ほかのどんな関係よりも協力し、精力的に助け合うことが求められます。幸せな愛情生活を送りたかったら、無神経に無視することも自分のエゴを満足させようとすることも許されません。好き勝手に何でもしたり、言ったりしてはいけません。自分の殻に閉じこもったり、いつまでも自分の不満ばかり言ったりしていてはいけません。二人の幸せのためになること、それをまずしなければならないのです。

このケースでは、ケイトはある原則を知らなかったのです。

私たち人間にはリズムが組み込まれています。昼と夜のようにはっきりしたリズムです。それがわからないために、大勢の人が苦しみます。いくら愛しているからといって、愛する人に絶えず意識を集中していることはできません。いくら仕事に夢中でも、成果をあげることだけを考えていることはできません。人の意識は、性愛の側面と活動的な側面の間を行ったりきたりするのです。

この振動は生物学的で有機的なものです。そして精神的なものでもあります。それは、女性の中でも、男性と同じようにはっきりと起こっています。「男性にとって愛は人生の一断片だが、女性にとってはそれがすべてである」という古い考え方は、くだらない迷信です。女性が活動的な興味を追うときには、女性の愛も男性の愛とまったく同じように、人生から切り離されるのです。

昔の人たちは、女性を家事と出産という牢獄に閉じ込めました。彼らは女性に、全存在を自分たちのために捧げてほしかったのです。この呪《のろ》いのもとで、女性たちはうんざりして死んでいきました。社会的制約が女性たちをいつでも利用できるように控えさせていたのですが、彼女たちはなんと無気力で冷たい生き物になったことでしょう！

現代の女性の敏感さを好ましく思う男性は、自分と同じように女性にもそれぞれのリズムがはっきりとあることを受け入れなければなりません。自分がそうだからというだけで相手もロマンティックな気分になっているとは限らないし、自分が忙しいからといって相手も仕事に没頭しているとはかぎりません。彼女も、自分と同じように、年がら年じゅう愛を捧げているわけにはいかないのです。愛に積極的になるときもあれば、消極的になるときもあるのです。

このリズムにうまく合わせるためにちょっとした勉強をしてテクニックをいくらか身につければ、調子を合わせるためにずいぶん役に立つでしょう。その気があれば、相手のテンポを知り、彼あるいは彼女のリズムに自分を合わせることができるようになれます。

もし両者ともそうしようと思っていれば、二人のリズムが合ってきます。ロマンティックに夢中になることと活動的に発展していくことのバランスがとれて、愛情面と仕事面の両方に生気を吹き込むことができます。

男女の生活において、自分を大事にする生き方は、最高に力を発揮します。相手の魅力にリスペクトを持ち続けている人は、相手に喜びをもたらします。

■

第15話

厳格すぎる人のための薬

ある家族の暴君への対応

これはある女性からの手紙の抜粋です。

■

「あらゆる前向きな考え方を拒否するのに、自分の工場には最新の機械を入れるような夫を持っている場合、どうすればいいのでしょう？

夫のジョナス・クルーのせいで、家庭生活はまるで拷問になっています。夫は、大昔の人間が女性を扱ったような傲慢さで私を押さえつけます。二人の娘にはどんな自由も許しません。息子が父親の考えに少しでも逆らえば、勘当《かんどう》すると脅します。みんなまるで奴隷時代にいるようです。

従業員はあまり長くはいつきません。ジョナスが従業員を道具のように扱い、彼らが適正な給料とまともな労働時間を求めると怒り狂うからです。それは工場でも同じです。夫は、工場は自分のものだから好きなようにやると言います。

もちろん、私が主に気にしているのは、家庭での夫の振る舞いです。今私たちは、夫にいつもすぐに賛成することで、なんとかしのいでいます。しかし、何か手を打たないと、子供たちの将来が台無しになるところまできています。娘たちが家に若い男の子を連れてくると、夫は彼らの現代的な考えに対して怒りをあらわにし、みんな追い払ってしまいます。本当に情けないことです。何かよい方法があるでしょうか？」

私は答えました。

「はい、方法はあります。もしあなたにそれをやりとおす勇気があって、三人の子供さんたちの協力が得られれば、ですが。お手紙を拝見すると、それは可能なように思えます。実例の力にはとても大きな教育効果があり、ご主人には教育が必要です。そしてそれ以上に、爆発的で劇的で危機的な経験が彼には必要です。このような人には言葉は役に立ちません。今必要なのは、彼がやり方を変えざるを得ないようなショックを与えることです。それで私は、五つの手順からなる計画を考えています。

①お子さんたちに全面的に協力してもらい、家族で行動します。
②どんな状況になっても、あなたが何をしているか言ってはいけません。
③計画は徹底的に継続して実行します。
④ご主人がそれについてあえて何か言ったり、息子さんを勘当したりしないくらいの大きな衝撃を与えます。
⑤危機的状況になったら、ご主人に最後通牒を突きつけ――そしてそのままにします。それができたら、あなたの勝ちです。

さあ、これが計画です。ご主人は、大昔の価値観を主張しておられるので、近頃現れた便利なものは何もかも拒否しましょう。おりを見て、ご主人が仕事に行っているうちに、電灯と電話の線を切ってしまいます。ガスを止めて火を消します。現代的な道具をすべて倉庫に片付け、水洗トイレを使えなくします。大昔に食べたような食事にして、明かりはろうそく、暖房は火床に残ったわずかな火といった具合です。つまり、ご主人に一貫性がないので、彼の古いやり方に一致しない近代的なやり方を捨てると宣言し、それに基づいて効果的な危機的状況をつくり出すのです」

一週間ほどして返事が来ました。

「計画はとてつもなく過激なように思えました。でも、娘たちは二人とも賛成してくれました。息子もです。それに、徹底的に断固として行うのが重要だという点もよくわかりました。夕飯は自分たちでストーブを使って料理しました。従業員には一週間の休暇を取らせましたので、巻きぞえにせずにすむでしょう。そしてご提案の通り、近代的で便利な道具をみな片付けました。

計画がどんな効果をもたらすか予想していらしたでしょうか？　帰宅した夫は不機嫌で、今にも私たちみんなをどなりつけそうでした。家の中は暗く寒々としていました。パチンと電気のスイッチを入れました。でも、何も起こりません。暗いままです。夫は家の中を歩き回って、私たちがしたことを見ました。興奮し始めました。とても戸惑っているようでした。そして今度は私たちが驚く番でした。爆発を予想していましたが、それらしいことは何も起こりませんでした。夫はあまりに驚きすぎていたのです。実際、口がきけないほどでした。そして、そうです。そんなことをするつもりはなかったのですが、私たち四人はみんなそろって夫を激しく攻撃しました。もうたくさんだと言いました。夫がどんな振る舞いをしたか、みんなに言ってやると脅しました。私は、夫がもしたった今その夜から心を入れ替えなかったら、出て行くと言いました。

娘たちは法廷でどのように証言するか言い、仕上げに息子のトムが、父親のビジネスへの影響についてうまいことを言いました。それが効きました。夫にはもう闘志は残っていませんでした。屈するのみでした。彼は見かけ倒しの哀れな男だったのです。

とにかく、私たちは夫に四枚の同意書にサインさせました。私たちがそれぞれ一枚ずつ作成しておいたもので、夫はそれにサインして、私たちみんなに、もっとも現代的な家族が求めそうな独立をすべて約束しました。夫は自分の言ったことは守るでしょう。そういう人なのです。そして、その夜以来、彼がどんなに物静かで優しくなったか、言葉では言いつくせません。少し呆然とした様子ですが、おとなしく従っています」

この世にはクルー氏のような人はたくさんいます。実生活では抜け目がないが、道徳的には鈍感な人たちです。彼らは、自分の価値観が受け入れてもらえそうもないとわかっているときでも、考えを変えようとしません。自己犠牲を美徳として神聖視しますが、決して実践することはなく、自分の冷酷さをカムフラージュするためにそれを使います。そして彼らはもはや人生をありのままに見ず、事実を自分の自己正当化システムに合うようにねじ曲げます。意図的に他人を欺《あざむ》いているわけではありません。自己催眠にかかっているのです。

こういった人たちは、この仮面に反する行動をすると、苦痛さえ感じます。自己否定のある決まったパターンを破るときには、自分に対して腹を立てます。しかし、彼らは自分がつくり出す困った状況を正すために何もしないことに、注意しなければなりません。

自分の知性を否定する人は、自分の判断も否定します。このように考えることをやめた人も、いずれは困難の枝葉末節に猛然と取り組みますが、問題全体をきちんと整理することはしません。彼らはクルー氏がしていたように、自分の〝義務〟をするだけで、自分自身の道徳にかなった否定のパターンに基づいてみんなをヘトヘトにさせます。このように、利己的でないことが専横の原動力となるのです。

クルー夫人は、夫のエゴイズムに耐えつづけるべきだったのでしょうか？　自分を曲げてはいけないという考えを盲信している人なら、このような危機に対処するため、何か事を起こすしかなかったでしょう。問題は、クルー氏に彼のやり方を変えるように説き、なおかつ家族の側が単なるエゴの満足に陥らないような方法を見つけることでした。彼らはみんな、何年もその場しのぎの暮らし方をしてきました。そして生活が崩壊するところまできていたのです。

思うに、このような専制的な人物、精神が凝り固まっていてそれを家族に押しつける人を扱う方法は二つしかありません。死ぬまで徹底して卑屈に従うか、さもなければ何かが起こらざるを得ないような一触即発の場面をつくるかです。暴君のためには、これが最良でもっとも苦い薬です。

これもつけ加えておきましょう。「話すな」「頼むな」「議論するな」「説得しようとするな」です。そういったことは、みんなをクタクタにさせるだけです。あえて危機を早め、何年も苦しみを引き延ばした場合よりも痛みが小さくてすむと思うことです。

「神経症的な利己主義」、つまり、ある種の心の病のような自己中心主義を相手にするときも、意図的な沈黙が有効です。そういった人の子供っぽい虚栄心と未成熟な感情表現は、言葉ではどうにもなりません。そして、過敏症、うつ病、利己主義といった精神状態によく見られる自己憐憫《れんびん》や秘められた残酷さからくる攻撃は、抵抗してもどうにもなりません。神経症的な利己主義は、言われたことをすべてねじ曲げて解釈して意地が悪いと言い、残酷だと言いがかりをつけるといった方法で、相手を圧倒しようとします。何を言っても言葉はつくり変えられ、意味が変わり、こちらに悪意が向けられ、最後には自己中心的な人との関係がややこしくわずらわしいものになってしまいます。

議論はやめなさい。あきらめるのです。神経の興奮からくる錯乱は、議論ではおさまりません。神経症患者のような考えは、言葉の力ではどうにもできません。もっと前の状況が原因で生じた異常を理由にそんな不運な人を非難しても、何にもなりません。しつけられて身についた態度も、家庭環境から受けたショックも、当人の責任ではありません。そんな理由で悪口を言ってはいけません。

人があたかも病気であるかのように考えるのも間違いです。神経症は何かにとりつかれたような状態ですが、それはあなたにもある、自分の本当の気持ちをゆがめる悪い癖と同じようなものです。異常な性質でもないし、誰にでもあるちょっと変わったアレルギーとたいした差はありません。

もし知り合いに神経症の人がいなかったとしたら、自分はどのように生き、何をするだろうと考えてみてください。そして、うるさい声にはかまわず、そのように生きるのです。騒ぎはおさまり、彼らはよくなり始めるでしょう。誰の神経症にも、決して屈してはいけません。思い切って反対し、無視するのです。

■

第16話

リスペクトだけでは十分とはいえない

バート・フレドリクソンがいつも失敗するのはなぜか

■

ある研究者、バート・フレドリクソンの人生は苦難の連続でした。次から次へと問題が起こるのです。

バートは、そんな目にあわなければならないような人物には見えませんでした。貪欲でも意地の悪い人間でもありません。人がやってきたときに不機嫌に迎えるようなことはありません。とくに神経質で感情的に敏感なために動揺するというわけでもありません。それでも厄介ごとにつきまとわれるのです。彼の人生には、「他人によいことをすれば、自分もよいことをしてもらえる」という基本原則は通用しませんでした。

だってバートのような生き方をすれば、誰だって失敗します。それが悲しい現実なのです。この生きるという問題には、二つの側面があります。「リスペクト」の側面と「知恵」の側面です。優しく、気前がよく、親切で、礼儀正しく、協力的で、良心的で、正義漢であっても、うまくやりとげる手腕がなければ、失敗、それも完全に失敗してしまうのです。

そう、リスペクトだけでは十分ではないのです。その片割れである知恵が必要なのです。知らないということで、最初に、最後に、そしてつねに代償を払わされます。理解しなければ、リスペクトも勝利することはできません。

これほど多くの心優しい人びとが、リスペクトは全能であると信じて人生を送っているのは、悲劇的なことです。油断のない聡明さで善良さを守り導かなければ、世の中というものは善良さにつけこみ、それを奴隷にして牢に入れます。そのことを間に合ううちに彼らに教える人がいないのは、不幸なことです。力は知恵の息子であり、リスペクトから生まれます。

「どうしてこれまで誰もこのことを教えてくれなかったのだろう？」バートが声を上げました。

ある日の午後、二人で座り、私が彼にうまくいかない原因を説明したときのことです。

「それは世間が、人間の振る舞いに関することとなると、いまだに感傷的だからです。道徳の領域では、人生を現実に引き下ろして考えることをしないのです。大昔の仮説に頼っているのです。みんなへのリスペクトあふれる親切さからよいことをしようとしているだけなら、機知は働かず、自分を曲げないという態度を貫くことができません。魔法の公式を適用し、自分本位の原則に従うためには、人は考えなければなりません。判断が必要とされるのです。感傷主義のベールで目を覆ってしまえば、正しい判断はできません。

難問を解くために知恵でなくリスペクトをあてにしたために、あなたの考えが一体どれほど分別のないものになっていたか、少し検討してみましょう。困ったときに自分がどういう行動をとったか詳しく考えてみると、次のような間違いがあることがわかるはずです。

世間の人に何と言われるか恐れて、気が散っていました。利己的だと思われるのが怖かったのです。

他人の気持ちや気分に感染し、彼らのトラブルの混乱に巻き込まれてしまいました。同情の悪い見本です。

道徳的先入観や偏見を通して物事を見ていたので、ついには状況がはっきり見えなくなりました。それはすべて、本来の自分でいることを怖がっていたからです。

罪についての誤った思い込みから、多くの過去の失敗によって現在のトラブルが色づけされるままにし、子供じみた考え方をして、今の苦境を自分がしでかしたことへの罰とみなしました。

感情的になってトラブルについてあれこれ悩み、ついには考えられなくなって、ひそかに自分は利己的だと信じ、分別を失うほど自分を罰しました。

杓子定規《しゃくしじょうぎ》に物事を判断する道徳的な教えに従い、その教義が判断に代わるものとなり、単純な事実に異常な感情的意味づけをするようになりました。

自分は完全であるべきだという気持ちから、やりすぎなくらい順応しているふりをしていました。そうして理想主義が破綻すると、ひねくれて疑い深い人間に変わりました。その次は自己不信です。だから自分がいつも正しいことを証明しようとしました。そして、大局的に見通すことも超然としていることもできず、自意識過剰になり、イライラから抜け出せなくなりました。

もしあなたが、リスペクトには知恵が欠かせないこと、そして自分自身を成長させること（自己陶冶《とうや》）があらゆる利他的行為と同じくらい重要であることを知っていたら、どうしていたでしょう。平静を保って、整然と頭を使っていたことでしょう。自分が困難に直面していると思ったら、それが目に浮かぶまで、その問題の事実や状態を整理します。それから、見ることができたすべての関係を追い、内的な事実と外的な事実、原因と結果を関連づけ、主観的な価値、流れ、傾向、手がかりを知る努力をし、抽象的なものを具体的なものに結びつけます。

そして最後に、それまで記憶から集めたものをすべてつなぎ合わせ、新たな事実をそれぞれ過去の経験と関連づけます。こうして重要な事実を観念に変えることによって、記憶のイメージを強力な道具にして、それぞれの中に動因、いわゆる〝変化するものの中にある不変のもの〟を出すのです」

これは、整然とした知性的な思考を表現する科学的な方法と呼ぶこともできますが、理解する気があれば単純なことです。もちろん私がバートに求めたのは、個人的な問題についても、化学者としての彼に求められるような考え方をするということだけです。彼は、研究室と同じように、状況が法則や原理に大きく影響される、現実の世界に生きているのです。もし間違った化学薬品を混ぜ合わせれば、爆発が起こるか毒が発生するのです。

自然はその法則に逆らう者を許しません。自然は、私たちがリスペクトにあふれ無知であるときにも、憎しみに満ち愚かであるときと同じくらい、私たちを傷つけます。どんな場合でも、私たちは間違いをすれば苦しむのです。動機がよいからという理由で自然に許された人はいません。人間がつくった考えに考えもせずに服従しても、救われはしません。

身をゆだねること、生命の法則に身をゆだねることが、唯一の解決法です。

■

第17話

エゴで満足してはいけない

教育者ホラス・ヘドリソンが職を失ったのはなぜか

ホラス・ヘドリソンはもう一度手紙を読み返しました。

それは丁寧だけれども断固とした調子で、辞表を提出するよう求めていました。

ホラスにとっては、こんなことは今に始まったことではありません。彼はいつもごたごたを起こすのです。生徒の指導方針にかぎりません。それでも彼が優秀な教師であることを否定する人はいないでしょうし、事実、大変有能なので、何度彼が学校の理事たちと衝突して辞表をつきつけても、いつでも彼を雇ってくれる新しい学校がありました。

妻が言いました。

「お友達とうまくいかないのと同じね。わかるでしょ、ホラス。アズベリー家の人たちとはけんかしているし、ウィザビー一家も怒らせてしまった。あなたがひどい言い方をするから、うちの母ももう来てくれないわ。私だって、非難されたり責められたりするのにはもううんざりよ。あなたは自分の過ちは何でも正当化して、何でも私の責任にするんだから」

ヘレンにそんなことを言う権利があるのだろうか？　ホラスは疑問に思いました。

「正しいのはいつもこっちだった。誰も認めようとはしなかったけれど……」

彼は険しい表情で、学生時代からの自分の人生について思い起こしました。それは口論の連続でした。しかし彼は正当な理由があって闘ってきたのです！　たいてい彼が正しく、後で自分の主張していた提案が実行に移されたと聞いて、満足感を覚えたものです。友人たちや義理の母との関係でも、やはり正しいのは彼でした。

彼はただ、明白な事実に目を向け、言うべきことを言っただけです。

本当にそれだけだったのだろうか？　ホラスはまたあれこれ考えました。もし他人から、自分がするような無遠慮な言い方をされたら、平気だろうか？　その尊大さに気を悪くしないだろうか？　みんな自分の気持ちを表現することばかりにかまけて、論争の原因などそれほど気にしていなかったのではないか？　うまくやれる人だっている。たとえば父だ。何年ものあいだ、みんなにいばりちらしてきて、思ったことをそのまま言い、いつも勝手気ままにやっていた。

ホラスは、老紳士の辛辣《しんらつ》な言葉について、苦々しい気持ちでいろいろ考えていました。父は厳格な人だった。もしもヘレンがあんな男と結婚していたら！　でもヘレンが父の妻だったら、彼女は少なくとも何を期待すべきかわかっただろう。父は、自分がどう思っているか人に疑いを持たせるようなことはしなかった。

ホラスの心にかすかな光が差し始めました。父親は終始一貫して支配者でした。自分の力をすべて、有能なエゴイストでいることに注いでいました。彼の言葉や意志は厳格な法律でした。意図してそうなるようにしていました。ビジネスもそのやり方でつらぬきました。部下たちは恐怖で卑屈になりました。家庭でもそのやり方を通しました。彼に逆らう子供はいませんでした。

家で夫婦げんかが起こったことはありませんでした。妻のヘドリソンは、夫の意志を最上のものとしていました。秘密を解く鍵はここにある、とホラスは思いました。人は、筋金入りの独裁者になれば、好きなことを言い、自分の思ったとおり実行することができます。しかしホラスは、生まれてこのかたずっと、どっちつかずの人間でした。

しかし、もっと何かあるのではないか？　この教師の心の中で、ある理解が生まれつつありました。彼は、ペスタロッチが言ったことを思い出しました。その人が何をなすべきかを言葉で人に教えることはできません。真実だと言い張るのではなく、人が真実を発見できるように助けなければならないのです。それも、彼が犯した過ちでした。もし彼が、自分のエゴよりも自分が大切に思っている目的を優先させ、衝突してもプライドは持ち込まないようにしていれば、あんないさかいは起こらなかったでしょう。

彼は、言いたいことを言って、結局は負けてしまった争いのことを思い起こしました。そう、敗北を招いたのは彼の正直さではありませんでした。彼は、意志の力で自分の考えを押しつけようとしていました。でも、それではうまくいかなかったのです。しかし、結果には無関心になって、他人に従う卑屈で如才ない人間になるべきなのか？　そうではなく、正しい目的のためには譲ることもできる人間になるべきだろうか？　そうだ、ならなければいけない！　ホラスはそう考えながらにっこりしました。自分はいつも一貫して厳格でいられるような人間ではないのだから、譲ることもできる人間にならなければいけないと思ったのです。

　私たち一人ひとりについても同じことがいえます。家庭やオフィスで暴君になりたくなかったら、支配者になれるほど残忍でないなら、そしてそれでもなお無力な下っ端でいるのがいやなら、自分と他人を同時にリスペクトする生き方を学ぶ必要があります。プライドよりも、理にかなった結論と協力を、情熱をもって求めることの方を優先させるのです。互いにリスペクトすることに幸福への鍵があります。力は支配し、愛は勝利します。これは、どんなに小さな争いについても、家庭、職場、人間関係の場で起こるどんなに些細なトラブルについてもいえることです。

　男女の問題を解決するのも難しいことではありません。事実、単純で簡単に理解できるし、もし――このもしが重要なのですが――その気があれば、すぐに実行できます。法則に従うこと、それが答えです。自分の成長よりも自分がどう見えるかの方が気になる人は、人生にうまく対処する気がないのです。

「自分本位の基本原則」がたいていの行為に成功をもたらすのと同じように、人間関係の謎は「魔法の公式」で解くことができます。決して、情緒的な枝葉末節のことに注意をそらされたり、神経症的な結論にばかり注目したりしないこと。問題を客観的に見ること。全部をいっしょくたにしてしまわないこと。のめりこんだり感情的になったりしないこと。問題を興味深い体験として扱い、新たな冒険のたびに自分にできることをするのです。

あなたが仮に、深刻な板ばさみの状態になっているとしましょう。たとえば、会社の上司から決定的な言葉を投げかけられたとします。あなたは腹を立てます。自分をそんな立場にした上司のことをどう思っているか、面と向かって洗いざらいぶちまけたくなるでしょう。でもその結果どうなりますか？　職を失うだけです。

あなたは失業したいのですか？　きっとそんなことはないでしょう。失業したくないのなら、状況を改善する必要があります。あなたは、上司との関係を悪化させずに、目的を果たそうとするでしょう。状況を改善することの方が、自分の気持ちの断片をぶちまけるよりも大切なら、怒りをぶつけずに上司と話をするでしょう。

こんどは、あなたが女性で、夫が家を出て行ってしまったとしましょう。離婚は避けられません。家族のことで取り決めなければならない問題がいくつかあります。ずっと以前から、夫と結婚したのは大きな間違いだったと気づいていたとしても、彼のしたことで相手を罰したい気持ちでしょう。夫との話し合いでどんな目的を果たしたいと思っているのですか？　哀れな状況を大げさに嘆きたいのですか？　一緒に暮らした歳月を、汚れた忌まわしいものだと思いたいのですか？　それなら、うっぷんを晴らすのもいいでしょう。

しかし、子供たちや両家の家族のことを考え、あれほど親密に暮らした男性の敬意と友情を失いたくないと思うのなら、〝軽蔑される女〟のひどい過ちを犯すのは避け、品位を保って行動することです。

行動が思いやりがなく乱暴になりそうなときは、人生のあらゆる局面で、エゴ満足はダメの原則が有効になります。

息子の行動にイライラしているとします。どんな変化を起こしたいのですか？

罰することによって反感を買うことも、ヒステリックに小言を言って彼の尊敬を失うことも、侮辱することによって彼がひそかにあなたを憎むようにすることも、力ずくで従わせることによって彼をさらに悪い行為に走らせることもできます。そして、愛情のこもった理解と優しい説明で、行動を改めさせることもできるのです。

　これは、息子の〝ため〟と、自分の本当の気持ちを曲げて感傷に溺れるのではなく、ただ、めざす目標に合った行動をするということです。

　相手をリスペクトすることの利点は、一つには、人間関係に蔓延している気取った自己犠牲から身を守ることができるということです。義務として行われる他人の好意ほどうんざりさせられること、親切の押しつけよりもむかつくことがあるでしょうか。生きる術《すべ》のなかでももっとも重要なのは、本当に喜んでしていると伝わるくらいに相手がそれをしたくてたまらないのでないかぎり、自分のために、誰にも何もさせないという知恵です。

　たいていの人が、協力について間違った考え方をしています。他人と何かするときには、相手に合わせなければならないと思い込んでいるのです。こういった順応はいくらかは必要です。しかしそれが唯一の目的になれば、あるのは失敗という立ちです。エゴというものは他人のプライドに屈するのは好きではないし、それは協力ではありません。状況が必要としているなら折れるべきですが、相手にも同じことをするよう要求しなければなりません。

難破して協力してボートをこいでいるとき、対処しなければならないのは嵐という緊急事態と航海術です。今しなければならないことをするのです。協力してダンスをしているとき、二人が従っているのは音楽のリズムとダンスの拍子です。二人ともそうしようと思っていれば、お互いに従属する必要はありません。

第18話

貪欲は愚かなことである

銀行家エンロッドの不幸な結末

きっとあなたも、ジョン・エンロッドのような人物が登場するドラマを見たことがあるでしょう。

■

ジョンは中西部の小さな町の銀行家でした。彼の仕事は、身寄りのない未亡人の抵当物件をさっさと処分することでした。ほっそりとした顔、固く結んだ口、辛辣《しんらつ》そうな目。彼は孤独でした。誰からも愛されず、みんなから嫌われていました。彼の貪欲さが、自らの幸せを奪ったのです。

ジョンは腹を立てていました。次々と災難にみまわれ、家庭はめちゃくちゃになりました。まず妻が病気になりました。そして何年も入院生活を送ったすえ、亡くなりました。ひとり娘にはそばにいて自分の老後を明るくしてほしいと思っていたのですが、娘は駆け落ちして出て行きました。家政婦はなかなか見つかりませんでした。お金はたっぷり持っていても、心の安らぎはほとんど得ることができませんでした。

ジョンは、自分の計画がなかなか進まないこと、そして問題がなかなか片付かないことにも腹を立てていました。「いろんなことが果てしなく引き延ばされる」と不平を言いました。遅れているのは自分のせいだということがわかっていなかったのです。彼は、運命が合わせるべき鋳型を決め、人生に自分の計画に従うよう要求しました。たとえ人生が自分を阻んでも、屈服などしないでしょう。彼が命令し、運命が従う。それが彼のモットーでした。言うまでもないことですが、物事は彼の望みなど無視して次々と起こりました。

考え方に柔軟性がないと、問題を解決できるものではありません。うぬぼれがじゃまをしていれば、よりよい生き方をすることは不可能です。困難を解決できそうな方法をジョンに言っても、彼は「そんなことできない」と決めつけます。彼が事実を見出そうと一生懸命になっているかというとそうではなくて、実は自分の偏見にそった結論を出そうとしているだけです。ほかのことはすべて受け入れられないのです。

物事をあくまで自分の物差し、それもねじ曲げられた自己の物指しに合わせるかぎり、事実はゆがめられます。自らすすんで自分という人間を貪欲から自由にしないかぎり、このような自己中心的な結論から解放されることはありません。

すべての出来事が自分自身の中に書き込まれます。それを書き換えられるのは自分自身の中でだけです。今日という日はあなたの心の中にある歴史の一瞬です。トラブルにいら立つ人は、その犠牲になります。

悪——とくに貪欲さに対するとき、私たちはほとんど無防備です。人は何世紀もの間、強欲になってはいけないと教えられてきました。貪欲はきわめてひどい罪とされました。しかしその結果はというと、貪欲が世界を支配し続けてきたのです。他人を食いものにするこの身勝手さに対し、少しでも知恵を働かせていたら、今ごろは貪欲も、人類の尾骨のように、過去の遺物として忘れ去られていたでしょう。

何かが悪いと言われても、「確かにそれをやめなければ」とは少しも思わないものです。それは愚かなことだと言われれば、警告に耳を傾けた方がいいと思います。そうするのは確かに身勝手だと自分で思わないかぎり、人は決して行いを改めないものです。

古代ローマ人があの〝毒をもって毒を制す〟を発見したとき、もっとも重要といってもよい生命の法則が姿を現しました。リスペクトの力のほかに、世界から貪欲をなくせるものはないでしょう。人びとが、悪いことをすれば報いを受けねばならないことを悟ったとき、生命の法則にそむくような行いは消えるでしょう。苦難は私たちの最大の敵であり、苦難は貪欲に守られて私たちの日常に入り込んできます。

自分自身にこう聞いてみてください。この五千年、もし協力と助け合いが人の行いを支配していたとしたら、人生は今のようにつらいものだっただろうか、と。貪欲が破壊した人類の貴重な財産のことを考えてみてください。戦争、人を食いものにする商業主義、搾取、他人のことを意に介さない無頓着さ。荒廃した地球環境のこと。そして、人間性をすり減らす生活の中で軽視されてきた、心と体の健康のことを考えてみてください。

腐敗、汚職、犯罪、戦争が世界じゅうの人間の暮らしを脅かしています。こういったものは、技術と科学が人間の立場を強め、守るために行ってきたことすべてに対する挑戦です。

人間は、どうしてこのような自殺行為ともいうべきことができたのでしょう？　このように自ら人間性を破壊し、生得の権利を放棄することが、なぜできたのでしょう？　それは、私たちが一日、一年、あるいは特定の経験に限定された尺度の中で行動するとき、人生において誰もがしている近視眼的なものの見方のせいです。

もう一度言わせてください。善悪を判断するには、数十年の大局的見地から見ることが必要です。貪欲によって達成されることは少なく、富と幸福をもたらしてくれるかもしれない人びとの愛と信頼を失うことになります。小さな戦いに勝っても、作戦全体では負けるのです。どんな大富豪でさえ、魂が死ぬことによって負けるのです。

もし南海の無人島にいるのだったら、悩みの大半は衣食住に直接関係する単純なことでしょう。エセ文明の中にいてもやはり衣食住のことを心配しますが、それらとの関係は間接的です。

一群の軍国主義者たちが、金儲けのために戦争を起こしました。生活はめちゃめちゃになりました。税金が引き上げられ、食料の価格が高騰し、いろいろな困難が生じました。近所では、一部の政治家が費用のかかる下水道を敷設したり、大通りの並木が伐採されたりしています。人間、人間、人間がいたるところであなたを悩ませます。自然によって生み出された苦難は一〇分の一もありません。人間の本性こそが、茂みに潜む悪魔なのです。

しばらくの間なら、戦争を起こしたり人を食いものにしたりする人びとと〝うまくやれる〟だけの力があなたにもあるかもしれません。あなた自身のゲームを、十分に〝巧みに〟できるかもしれません。しかし、最後まで人生と人間と運命から逃れることはできません。あなたの強欲さが見つけられたが最後、欲望は阻まれるのです。

それは、あらゆる形のエゴイズムにいえることです。怒りに身をまかせ、洗いざらいぶちまけ、激しく口論したあげく、愛情は失われ、大切な約束も破られます。感情を傷つけられることもあります。すねて、陰気にひきこもります。神経は張りつめ、頭が混乱します。どんな場合でも、傲慢さがひどくなるほど力は衰えます。

　奇妙なことですが、貪欲はエゴイズムの結果です。つまり、私たちが身勝手さを乱暴に表現しないようになるどころか貪欲になるのは、傲慢が不首尾に終わるからです。人は、物事や他人が当然自分の思い通りになると思っていて、自信たっぷりで要求します。何度も何度も運命は眉をひそめ、人びとは応じてくれません。しかしいつかはチャンスがやってきます。頼んでいた人が支配者になり、もらっていた人が征服者に変わります。こうして貪欲が心を支配するのです。

　要するに、貪欲は自分本位の原則から逸脱しているのです。パーソナリティにかかわることは妥協しないことを信条としている人には、他人を利用することはできません。そういう人は、〝存在の尊厳〟を自分自身も含めすべての人の権利として認めています。そして、魔法の公式を無視して、自分の目的を他人に強制することもできません。貪欲が求めるものが何であろうと誰であろうと、それはエゴを満足させるためです。

貪欲が世界をこれほど長く支配してきたのは奇妙なことだし、この衝動同様、ばかげたことです。さらに奇妙なのは、自己に忠実であろうとする利己心が抑えられるのに対し、貪欲が抑制を免れることが多いことです。人びとに生まれながらの権利を少しばかり取り戻させる利己心をたたえるような発言をしようものなら、大勢の善良な人びとから糾弾《きゅうだん》されることになります。そのくせ、堅固に守られた貪欲を攻撃すれば、危険な急進論者だと言われるのです。人びとは貪欲の存続が許されるべきだと思っているように見えます。

貪欲の他人を食いものにする力は、あまりによく守られていて攻撃できないように思えます。でも——それも長くはないでしょう。

■

第19話 お金について心配するとき

支出に悩まされるときあなたは

数年前のことです。鳥のさえずりの真似がとてもうまいチャールズ・ケロッグが、現代人の意識がお金に向けられていることを、うまい実験で証明しました。

人はそれぞれ自分の注意が向いているものしか聞こえなくて、自分に関係ないたくさんの音を無視していると主張する彼は、騒々しい通りの歩道に一〇セント硬貨を放りました。すると歩行者は立ち止まり、その目はコインを探しているのでした。これに対してケロッグ自身は、地下室で、一緒にいる人は地上の往来の騒音で誰もわからないのに、コオロギが鳴くのを聞き分けることができました。

お金のことを心配していると誰かが言っても、それは文字通りの意味ではありません。お金で買えるものを手に入れられないのではないかと恐れているのです。もしそれができるという自信があれば、悩んだりしないでしょう。

働きすぎで、風邪をひいてしまい、まったく気分がよくないときのことを想像してみましょう。ベッドはでこぼこの石ででも出来ているようです。眠ろうとしても、目は開いたままテーブルの上の封筒に向けられています。

「請求書、請求書」とうなります。「どうして、病気のときくらい放っておいてくれないんだ?」

あなたは病院のベッドに寝て、ただ存在しているだけでかかる費用について考えます。存在しているだけなのです。毎日同じことの繰り返しで、何かためになっているとは思えません。担当のアビントン医師が休暇をとって入院するように勧め、そうしないと肺炎になると脅してくれたのは、たいへん結構なことでした。でも、病院からもすぐに請求書が来るでしょう。治療費に一〇〇ドル、入院費に三〇〇ドル、そして回復にも時間がかかります。

まるでその不満にピリオドを打つためかのように、アビントン医師が午後の回診にやってきます。脈をとり、体温を測り、こまかいことをあれこれ注意するので、腹が立ってきます。しかもこの日の午後にかぎって、老医師は急いで出て行かずに腰をかけます。

「何か特別なご要望はありませんか、葬式の手配とか、そんなことは?」老医師が尋ねます。

あなたはびっくりして起き直ります。

「よくなっているんじゃないのですか、先生?」

「はい。残念なことに、回復が早すぎますね。あなたのことを考えれば、早すぎます。だからこうしてお話ししているのです。二、三週間ここにいる必要があれば、どうしても休みをとらないといけないのですが。しかし実際には、三日かそこらで大急ぎで退院していかれるでしょう。でも、これまでどおりに仕事をすることはできません。そんなことをすると長生きできませんよ。もっとゆっくりしないと。どうしてほかの人に仕事をまわさないのですか？」

「そうですね。そのためには、お金をつくる必要があります。私の病気の半分はお金の悩みから来ているのです。先生、あの請求書を見てください。あれを支払わなきゃならないのに、どうしたらいいのか」

「生活の仕方もご存じないようで、こっちが本当の問題ですね。あなたは必要な額の倍も使っていますよ」

「それは妻のミリーに言ってくださいませんか？」あなたは鼻を鳴らします。

「それは医者の仕事ではありません。あなたがすることです。でも、それをするなら頭を働かさないと。これは奥さんのせいじゃありませんよ。もとはと言えばあなたのせいですから」

一時間ほど老医師は話します。どんな予算を立てているのですか？　収入内でうまくやっていくために、家族とどういう取り決めをしているのですか？　子供たちは生活費についてどのくらい知っていますか？　不必要な出費をしないために、家族は各人どういうことをしていますか？

ケロッグが抵抗しているのを見て、老医師はこう主張します。

「この問題にはあなたのエゴがかかわっています。あなたは家計をきちんとしたくないのです。プライドが傷つくから。気前よくしていたいんです。そうしておいて不平を言うんです。でも、そんなふうにして生活していけるわけがない。これは現代人によくあるパターンで、大勢の男たちが人生半ばで死んでいく理由です。なにもケチケチ倹約しろとは言いませんが、今あなたのやっていることよりは、その方がずっといいでしょう。

私はただ、家計のことを心配しているのなら、お金の問題について何か手を打てばいいじゃないかと言っているだけです。プレッシャーであなたが死なないのだったら、あなたが何をしようと、私には関係のないことです。しかし実際には、こんな助言の方が薬より効くのです。家庭は民主主義です、というかそうあるべきです。私はただ、もうよくご存じの考え方を、それなりに頭を働かせて実行してほしいとお願いしているのです。

いいですか、もうひとつ忠告があります。もしそれを受け入れてもらえないのなら、私は黙ってあなたが自ら命を絶つのを放っておくしかないですね。奥さんと子供さんとを集めて家族会議を開き、出費とご自分の健康問題について説明してもらえませんか」

「私の問題を家族におっかぶせるなんて、かなり利己的な気がするな」あなたは反対します。

「そうですか。利己的だとしても、非利己的に死んで、家族を生活の支えもなく残していくのよりはずっといいでしょ」

「こんなこと、どうやってやれと言うんですか？」

「まるであなたは、自分がそれをしたいのかどうかわからないっていう感じじゃないですか。でも、まあ、お答えしましょう。みんながテーブルの周りに集まったら、家族の一人ひとりに月々必要な支出をリストアップしてもらいます」

「子供たちにもですか？」

「もちろんです。あなたが機会を与えてやらなければ、どうして子供たちの頭に収入や支出のことなんて浮かびますか？　家族全員のリストを一緒にして、重要なものから順に並べます。そして最後の一〇項目を、今のところ買うのは賢明でないとして削除します。もしくは、議論したあとで、どれが不可欠だと思うか家族に投票させるのもいいでしょう」

私は、この方法がうまくいった事例を、実にたくさん知っています。自分の住む国家が民主主義国家でありつづけるべきだというのなら、民主的な政府のやり方を家庭にも取り入れるべきです。

多くの妻、そして多くの子供たちが、家庭の収入の実状をまったく知りません。一〇のうち九つのケースで、率直な議論によって考え方が変わっています。働く男性の態度にも影響を与え、収入と支出のバランスがもっとうまくとれるようになります。

あなたの収入の四分の一で生きていける家庭が一軒でもあるかぎり、お金の心配をしなくてすむような予算をたてることができるはずです。私たちはもう、奴隷制度の恐怖のなかで生きることも、野蛮人に身を落として生きることもありません。食うや食わずというのもたんなる比喩《ひゆ》にすぎません。それでも、経済問題がからむ神経症はなくならないのです。

現代人の金銭に対する熱狂は、多くの医師が認めているように、男性の間に蔓延する高血圧の原因となっています。世界に広がっていくこの病気は、富を得ようと奮闘することと関係があります。富を求めて頑張っているうちに、現代人は多かれ少なかれ、生きる術を見失いました。誤った基準をつくり、みずから平安と余暇を手放したのです。

ひとつ確かなことがあります。お金を獲得するために自分を曲げるなら、お金は破滅をもたらします。実際、富を求めて自分を見失うことは、リスペクトの精神と対極にあるものです。

第20話

お金持ちになって満足するには

ピーター・ポーリングを襲う投資の問題

イタリア人の炉職人を知っています。彼と妻、そして子供たちは、うちに暖房器を設置して得たわずかな収入で、何カ月も暮らしました。

世の中には、景気のいい話があふれています。

隣人に、大会社を経営している人がいます。彼は惜しげなくお金を使いますが、ぜいたくをする以上に稼いでいます。彼は蓄えのことも考えています。

あなたも私も、税金が多いのが気に入らず、何もかも値上がりしていると思い、収入が今の生活スタイルを維持できないほど少なくなったらどうしようと考えます。蓄えを守る必要があります。

以前は私も、財務については〝専門家〟にアドバイスを求めるのが賢明だろうと考えていました。ある有名な銀行家に助言を求めました。彼は、ある株を買うよう勧めました。用心深い私は、大きな信託会社の投資アドバイザーにも尋ねてみました。彼も同じ株を勧めました。それから私は、株式取引所で働いている、個人的な友人に相談しました。彼もこのアドバイスを支持しました。私は今もその株を六〇〇株持っていますが、売れたとしても二束三文です。

私が投資の問題について意見を言うとすれば、まず次のように言います。「銀行家や投資相談係やブローカーのアドバイスをうのみにしてはいけません。彼らに意見を求めるだけでなく、現実的な人の判断も仰ぎなさい」

私は八年にわたって、自分自身のことだけでなく、大勢の人びとに起こったことから、この言葉が正しいかどうかを確認してきました。それは正しいと思います。お金ばかりを扱っている人は、お金に換算しないと何も考えることができないようです。それでは決して財務について正しく判断することはできません。お金は、それ自体は何でもありません。何かを表すものです。それが何を表しているのかについて考えるべきなのです。

確かに今、社会は変わりつつあります。労働への不安が増しています。

銀行の保守的なアドバイザーは、起こりうることを本当は起こらないと思っているかもしれません。しかしそれでもやはり、それは起こりうるのです。

では、問題解決への鍵は何でしょう？　効果的な利己主義？　それが自分の頭を使うことなら、確かにそうです。投資の一般的な形態は六つあります。

①不動産
②動産や先物取引
③貯蓄や保険
④株式や債券
⑤私営事業
⑥政府の国債、自治体の公債

お金を預ける方法は三つあります。

①投機的：信用取引で
②投機的投資：自己資金で
③永続的：満期日に払戻しができるもの

どの方法を選ぶかは、どの程度のリスクを覚悟するかによって変わります。ピーター・ポーリングが行った投資方針の変更について考えてみましょう。彼は、かつては株の投資をしていました。危険を冒すことはしませんでしたが、株価の上昇に乗じて儲けるつもりでした。それも、相場が下落するまでのことでした。

今では、ピーターはやり方を変えています。彼は、投資方法というものは、その人の収入、負債額、国の状況や景気の安定性に合ったものでなければならないと思っています。彼は、次のようなものを所有しています。

①税率の低い地域に不動産を少し

②インフレに備えて買い溜めした物品
③銀行にいくらか貯蓄
④堅実な銘柄の株を少し
⑤堅実な経営をする企業にいくらか投資
⑥国債公債を少し

その結果はどうなったでしょう？　心配ごとがずっと少なくなって、会社にとって彼は二倍も役に立つ人間になりました。そして給料が上がったのです。

何年か前、財務アドバイザーが「投資について心配だということは、配当が十分でないという証明です」と言っていました。確かにそうです。蓄えのことであれこれ悩むようなら、自分が賢く投資していないと思いましょう。

あちこちに分散して投資するのは、それ自体は賢明かもしれませんが、心の状態に関するかぎりよいことではありません。投資についてはよいアドバイザーも、あなたの内面のことを考えればよいアドバイザーだとはかぎりません。理性だけでなく、無意識の感情も満足させる必要があるのです。

心理的な緊張は、意識してある範囲内に抑えなければ、拡大していきます。夫婦げんかの半分と、親族とのいざこざの大部分は、経済的な問題によって生じた神経の疲労に原因があります。このことに目を向け、認めなければなりません。経済の問題を心配する時間をつくりましょう。あえて不安がわきあがるようにするのです。それに目を向けるのです。そして、愛する人たちとそのことについてよく話し合いましょう。そうしたら、もうお金のことは考えないようにします。不安が個人の生活にまで侵入してこないようにしてください。

何人か友だちに金銭トラブルについての話を聞かせてもらいましょう。そういった問題の研究をするのです。少し吐き気がするまで、彼らの悩みごとを聞きます。限界点に達したら、生きる行為の方に意識を向けます。

多くの場合、緊張を解決するには、興奮して集中するのをやめ、反対の方向も見てみることです。

小さいながらも金融業を営んでいるダン・スターリングは、人に貸しているお金のことを気に病むのをやめて、自分にこう言い聞かせました。

「そんなことで気をもんでも始まらない。どうしたら借り主を助けてお金を返してもらえるかを考えよう」

　彼は、自分にもっとも多く借金をしている人たちの生活のためになると思われる行動を起こす計画を立てました。一人目は中古家具を扱う業者でした。まず人びとをその店へ行かせ、店主の名刺を持ち帰るよう彼らに頼みました。二人目の負債者は農夫でした。その農夫には、町の知り合いたちに直接卵を売れるよう、手配してやりました。三人目は音楽教師でした。ここには生徒を紹介しました。彼は、借り主が返済できるよう、できるかぎりのことをしているのだと話しました。一年ほどでお金は全部返ってきました。

　人生をよりよく生きてはじめて、お金の投資もうまくいきます。自分を曲げない人は、生活の糧《かて》をムダにしたりはしません。

　富を求めることの危険は、リスペクトの心を犠牲にして、ぜいたくをしてエゴを満足させたいという誘惑に駆られることにあります。幸運に協力すれば、向こうも応えてくれます。人生に力を貸せば、向こうも力を貸してくれます。

第21話

苦境への立ち向かい方

ヘンリー・ハーディングは退職すべきか？

■

ヘンリー・ハーディングはどうしたらいいかわかりませんでした。もちろん、退職することはできます。いくつかのライバル会社が、彼に来て欲しがっていたからです。

ヘンリーは、会社が何年もかけて完成させた、貴重なノウハウを知っていました。その情報のためなら、競争相手は何でもくれるでしょう。

しかし、いくらそのすべてを頭に入れているといっても、そんな高価な情報を持っていく権利が、彼にあるのでしょうか？　そんなことはしないのが、礼節というものではないでしょうか？　彼が信頼されて重要なプロジェクトを任されていたのは、会社が彼の誠実さを信じてくれたからでした。けれども、どうしたら、ライバル会社で働いて、しかも知っていることを忘れるということができるのでしょう？

もちろんそんなことはできません。しかし彼は、彼が知っているのと同じ分野のノウハウを完成させる仕事に取り組んでほしいと言われているのです。どうしたら、新しい雇い主に対して公正でいられるでしょう？

でも、今の会社は彼に対して公正だったでしょうか？　彼らは、一言の説明もなく、彼とその家族を遠い地方へ転勤させようとしていました。おかげで家を売らなければなりません。それは公正なことではありません。

ヘンリーは一晩じゅう眠れず、ジレンマの中で堂々めぐりをしていました。

心理学は、このような葛藤について多くのことを明らかにしています。それを引き起こす精神状態を「両面価値《アンビバレンス》」と呼んでいます。思考と感情の対立です。ハーディングは頭では、会社には自分を転勤させる権利があることをよく理解しています。

事実、雇われてすぐにサインした契約書で、彼はそれに同意したのです。彼は、この転勤が栄転であることも理解していました。

彼の理性は理解していたし、行きたがっていました。しかしこのことについてどう感じているかは、別の問題でした。結婚してからもずっと、母親から遠く離れたことはありませんでした。自分ではこのことを認めることはできませんでした。家族を持った大の男なのですから。感情的なかたくなさが自分を捕らえているという事実を客観視することなど、不可能でした。自分の臆病さや、慣れ親しんだ家庭の環境、古い友人たちにすがりついて生きていることについても、考えたくありませんでした。

自己不信に悩まされている人びとは、優柔不断の迷路をつくってしまいます。それは乳児のおしゃぶりのような働きをします。恐怖につながりそうなことを何もしないで、心配ごとを解決するために多大な努力を払っているような気になれるのです。ハーディングは「転勤はできない」と自分に言い聞かせたかと思うと、すぐにまた、「でも当然、転勤しなきゃならない」と決心するのでした。

翌日、この疲れ果てた男性が、このような問題を扱う訓練を受けたカウンセラーに助けを求める場面を想像してみましょう。専門家はまず何から始めるでしょう？カウンセラーが鋭い質問をして、ハーディングの行き詰まりの原因を明らかにしようとしているところを想像してみてください。二種類のイメージが浮かんできませんか？

A、若いエンジニアが、ごく普通の期待していた昇進を受け、この転勤によってキャリアがアップしそうだ。妻子に迷惑をかけるようなこともない。

B、彼は感情的になってこの転勤を断る。それは個人的な理由からで、理性よりも感情が勝り、彼の思考は霧に覆われている。

カウンセラーはこう言うでしょう。

「あなたは、少なくとも二〇の精神的なつまずきの犠牲者です。そのうちいくつか挙げてみましょう。まず〝先入観〟、つまり、一連の固定した考え方が確立していて、まともな思考ができなくなっています。あなたは子供の頃に、どのように生きて働くかについての信念を植えつけられてしまいました。その中には、両親のそばにいるということも含まれています。次に、心理学者が〝融合〟と呼ぶ罪を犯しています。あなたは、転勤して遠い地へ行くという行動を、それ自体として考えていません。自分のホームシックの気持ちと混同しているのです。現実的な手順について考えようとするたびに、〝無意識の移行〟といわれる行動によって、友人や慣れた環境から離れることについての孤独感や恐怖に注意を向けてしまうのです。

あなたは頭の中に、小さなレコード盤のような、せりふを教える〝プロンプター中枢〟をつくりあげています。論理的に考えようとすると、このレコードが鳴り始めるのです。時間をかけてあなたの精神的な反復の過程をグラフにすれば、自分を両親から引き離す上司に対する怒りという抵抗が始まる時点の、あなたの結論に含まれる平均誤差をお示しすることもできます。あまり専門的、科学的なことを言いたくはありませんが、あなたはエンジニアですから、心の問題も工学的なプロセスにおけるのと同じように、正確で明確に分析できることをわかっていただきたいのです。

あなたは私と話をしているとき、一度ならず、感情的動揺の中で自分でつくる、いわゆる内潜的な事実を、状況そのものである顕在的な事実とは別にしていましたね。それにあなたは、自分の堂々めぐりの思考を打破して、その中心は何かと考えようとはしませんでした。あなたが決して口にしなかった、ある明白な事実があります」

「何ですかそれは?」ハーディングが少しいら立って尋ねました。

「生活のために稼ぐ必要があるということです」コンサルタントが短く答えました。

「でも、ほかに仕事の口が山ほどもあるんですよ」ハーディングが言い返しました。

「ほんとに?」コンサルタントが眉をつり上げました。

「私はそうは思いませんね。競争相手の会社だって、なぜあなたがこんなに突然転職しようとしているのか、不思議に思うでしょうね。採用してくれるとしても、それは能力に期待してのことではなく、あなたの持っている秘密情報が目的です。自分でもわかっているはずです。

心の平和についてはどうでしょう? あなたにはやましさがあると、私は思います。新しい地位が突然得られたのがなぜか、前の会社にもバレると思ったら、泥棒したような気分になるのではありませんか?」

「おっしゃるとおりです」ハーディングがつぶやきました。「私にはそんなことできない。そんなの生き地獄だ」

「私もそう思います。では、堂々めぐりはやめて、核心の点だけを考えてください。働くべきか働かざるべきか、それが問題なのです。少なくとも、提示されている額と同じ給料が欲しいというのであれば、問題ですね」

「つまり、私が感情的にどうしたいかは、仕事のことほど重要ではないということですか?」エンジニアは尋ねました。

「そうでしょ? 奥さんは行きたがっている。お子さんたちも。ご両親は、あなたがようやく乳離れしたからといって、死ぬわけじゃない。この転勤も成長のひとつです」

「これまたおっしゃるとおりです」ハーディングはそう答えて立ち上がり、「それでは」と帰っていきました。


私たちは、自分の悩みごとを、まるで主として経済的な問題であるかのように話します。私たちの日常に染みをつけるのは、金銭的な貧しさよりも、精神的な貧しさです。貧困に怯えているときも、自分が無力だと思うから苦しいのです。

カウンセラーに会うまでは、ハーディングはたえず自分のトラブルのことを話して、それによって自分自身のゆがんだ状態を隠していました。彼は、神経質な人に特有のいら立った様子をしていました。不安感から萎縮《いしゅく》し、まるで二つの人格に切り裂かれたようになりました。一人は事実を直視することから逃げ、もう一人は批評家のように座って自分の恐怖を恥じていました。現実を把握する力が弱いために、底知れぬ奈落《ならく》を想像していたのです。

彼の臆病さを知っている人はほとんどいませんでした。人びとは、彼の内的葛藤の症状を彼自身だと受け止めていました。妻でさえ、こういった外見をそのまま受け取り、それに従って彼を扱いました。妻は妻で、心につかえをためこんで、人生の問題を解決するあらゆる試みが妨げられていたので、彼と同じようにほとんど本当の自分を出していませんでした。彼女は疎外されていると感じ、心が麻痺《まひ》したようになっていました。彼女が見捨てられたように感じたのは、疑念と自意識によって、人生に対する鋭敏さが低下したからにすぎません。

トラブルの解決を阻むあらゆる要因のうち、単なる生きるプロセスにすぎないことに感情的にのめり込むことが、いちばんよくありません。そのために、落ち込んだりヘトヘトになったりするのです。

統計によれば、職場のトラブルの多くが内的な不安によって起こっています。家庭では、神経が張りつめているせいで、妻はクリームをこぼし、夫はタバコに火をつけようとしてズボンを焦がします。考えるときには、心理学者が「均衡化要因」と呼ぶもののことはもう忘れています。

このような状態のときは、リラックスして、問題をしばらく放っておきましょう。できるかぎりのことをしてしまったら、小説を読む、映画を観る、トランプをする、社交的な会話をしてみる、そんなことをするのがよいでしょう。しかし、自分で悩みを抱え込んでしまっていたら、こんな助言は何の役にも立たないでしょう。

自分をプレッシャーから解放し、自分の問題を誰かほかの人の問題のように考える。つまり問題との距離をとり、問題をそれ自体として見るという、超然とした態度をとっている人はほとんどいません。疲れて具合が悪くなったとき、仕事のことが心配になるかもしれませんが、そのとき本当に問題なのは、あれこれ考えてクタクタになることです。悩みごとをベッドにまで持ち込む人は、決してプレッシャーから自由になれません。

自分の心の問題点を克服しようと決心してはじめて、大きな変化が起こります。賢明な人は、人生のつらい現実を否定せず、自分自身の混乱を認めます。

この現実と自分の内面という二つの要素の関係は、人の体験を分析するときに混乱しやすい点です。心の問題、いわば内的状態と、まわりの環境、いわば外的状況が悪いことの、どちらが人生の悩みをもたらしているのでしょう？　正解は、どちらともいえない、です。

私たちは具合が悪いときにはなんとかしようと運命を手探りしますが、運命も調子の悪いときだらけです。そのうえ、感じやすい時期に境遇から破壊的な影響を受けると、トラブルを乗り越える力を抑制する心の姿勢ができてしまうのです。

この一見ジレンマにみえるものは、ニワトリと卵のようなものです。ただしこの場合は、どちらが先かわかっているのですが。社会が賢く計画され、家庭生活が道義の退廃を免れていたら、神経を病む人はもっと少ないでしょう。

しかし、いったん異常が生じると、周囲との関係は何倍も難しくなります。状況がどんなによくても適応が困難になります。こうして、幼児期に家庭に縛りつけられる経験をしたハーディングのような人は、昇進を勝利ではなく脅威として受け止めるようになるのです。

つまり、神経症的なイメージの影響を受けて、自分の問題をはっきりと理解することができず、子供っぽい、ゆがんだ見方をするのです。ヘンリー・ハーディングの思考は、彼が寄生的依存の中に見出したエゴの満足によって、曲げられていたのです。

■

第22話

自分の過ちを受け入れる

クララ・アトウォーター、後悔するのをやめる

自責の念に苦しめられている人は、世の中に借りを返すために何もしていない、あなたはそのことに気づいていましたか？

そういった人たちは、破壊者としての行動を続けます。私たちの倫理観が自己中心的な感情主義を正当化するかぎり、彼らはこれを続けます。

つまり、自責の念は人を重苦しく、否定的にします。そして、その人を役立ずに

して、協力できなくします。それ自体、完全に悪です。その陰気さがエゴを満足させるためで、悲しみが自虐的なものなら、その存在を許す理由はありません。

ですから、過ちを受け入れることを覚えなければいけません。過ちは起こるものなのです。私たちは、新しい思いやりを持たねばなりません。そうすれば奇跡が起こります。


四年前、クララ・アトウォーターはめったに笑いませんでした。彼女の目は悲しみで満ちていました。罪という相棒がつきまとい、彼女の良心をチクチク突き刺すのです。そのせいで頭が混乱して、彼女はいつも間違いをしていました。

こんなふうだと頭に血が上って、ますます失敗します。失敗を恐れて、ますます失敗するのです。罪悪感が人を本当に有罪にします。トラブルが何かの罰だと信じると、勇気も力も全部失われます。

ひとつだけ確かなことがあります。過ちを犯したことを恥じているあいだは、その過ちを正すことができません。ひそかに自分を神聖視している人は、何かよくないことが起こると、いまいましく思います。聖人のようにこれ以上ないほど賢明であれば、その人の行いはもちろん完璧でなければなりません。しかしそうでない私たち人間は、どれほど簡単に間違ったことをしてしまうものか知っています。私たちはいつも過ちを犯し、辛抱強くそれを正しているのです。

地獄はあなたの記憶の中にあります。思い切ってしなかったことで後悔の念にさいなまれるより、間違ったことをして苦しむ方がましです。真剣に努力していれば、結果がどうであろうと、まさにその強さによって人は守られます。

今あるトラブルでも十分困っているのに、どうして過去の悩みまで加えなければならないのでしょう。それなのに人はいつも、自分のかかえている問題について陰気にふさぎ込んだ瞬間、いつもそれをしているのです。五〇年分の重荷を背負って、その重荷のことで新しい日々を責める人もいます。自分自身の衝動を疑って時間を無駄にする人は、つい過去のジレンマの苦い果実を集めてしまいます。

私たちがよく犯す間違いをいくつか挙げておきます。

《避けるべき12の過ち》

①立ち止まって自分が何を望んでいるか考えるということをしない。

②自分の目標を宣言するのを恐れる。

③あわただしく行動し、立ち止まって先に何があるか手探りすることがない。

④行動を起こさない。何も思い切ってやらない。

⑤最初の小さなミスで、まるで重大なミスをしたように怯える。

⑥事実をすべて知っていないという理由で不安になる。

⑦感情的、個人的になり、自分の思いに没頭する。

⑧義務についての思い違いによって混乱する。

⑨あまりに大きすぎるのでないかという恐れから、困難を過大に見る。

⑩あらゆる予想をして現在をゆがめる。

⑪トラブルを克服することではなく、トラブルそのものに焦点を合わせる。

⑫冒険――乗り越えるという冒険――を楽しまない。

失敗は成功するために不可欠です。ちょっとした間違いをたくさんしない人は、たいしたことはできません。満点は愚か者の理想です。難局にあえて挑戦しなければ、向こうが挑戦してきます。トラブルに主導権を握らせてはいけません。ここぞというときに、一か八かやってみるのです。動かないことは、考えないことよりももっと悪いのです。あまりに長く、あまりによく考えすぎるということもあります。これはとくに人間関係においていえることです。ためらってばかりの人は不運に支配されます。

　秘訣は行動にあります。できれば考えて、とにかく行動しなさい。なんといっても、間違いをしなければ、それを正すこともできないのですから。

　人生という長い競争に勝ちたいのなら、バランスの法則に従うことです。幸運なときには舞い上がり、運が去ると落ちてくる人は、すぐにドスンといって目が回ってしまいます。ゲームが楽なときは情熱を控えめにしましょう。奮闘しなければならないときのためにエネルギーをとっておくのです。成功は、バランス感覚にかかっています。

　満点が取れないことを恥じる人は、堂々めぐりに陥りやすいものです。ふさぎこんでベッドに横になり、自分のトラブルについて考えるのですが、立ち止まって理解できるまでひとつの事実を分析するということはしないのです。私たちが過去の過ちから学ぶことができるのは、それをした人を信頼しているときだけです。間違った行いをしたとき、自分の不完全さを恥じているかぎり、十分に学ぶことはできません。ひとたび自己卑下というノミにかまれれば、あなたも同じように、因習という汚れた衣の下で這いまわることになるのです。

このように自分自身をおとしめれば、誰であろうが他人をさげすむことが簡単にできるようになります。私たちは自分の劣等感をねじ曲げてまわりの人に向けます。劣等感を捨てることを学ばなければ、永久に自分を縛りつける過ちとなるかもしれません。あなたがしたり言ったりすることで、他人に罪の意識を感じさせてはいけません。これには気をつけなければなりません。誰でも、責任を転嫁して、他人に不愉快な思いをさせるのが好きなのです。

ある意味、これは非常に重要な過ちです。多くの普通の失敗の背後に、無知に基づく習癖が潜んでいるのです。次に挙げることの背後にも、それが潜んでいることを忘れないでください。

《確実に失敗する65のやり方》

①他人に強要する。

②人に罪悪感を持たせる。
③人に責任をおしつける。
④他人を利用しようとする。
⑤無愛想で自己主張が強い。
⑥人に言いたいことを言う時間を与えない。
⑦大声を上げて納得させようとする。
⑧相手がまだ半分しか考えを言ってないのにケチをつける。
⑨協力するのをいやがる。
⑩親しい人に大きすぎる重荷を押しつける。
⑪考えについて侮辱するような言い方をする。
⑫他人はたいてい自分勝手だと考える。
⑬外見で人を判断する。
⑭自分の子供に対し尊重した扱いをしない。
⑮血縁に頼る。
⑯お金を基準にして人を扱う。

⑰自分の恋人や友人を「所有物」と考える。
⑱議論をすると怒りだす。
⑲同僚に対して指導者ぶる。
⑳他人を感心させようとする。
㉑説明しないで理解してもらおうと思う。
㉒女性に対して見下したような態度をとる。
㉓男性に対して母親のような態度をとる。
㉔自分の恐怖心を子供に植えつける。
㉕傷つけられたことで復讐する。
㉖高慢で打ち解けない。
㉗考えもせずに人の忠告に従う。
㉘融通がきかず、理屈だけ。
㉙ユーモアのセンスがない。
㉚こけおどしに動揺する。
㉛間《ま》が悪いときを選んで話をする。

㉜大きすぎる責任を引き受ける。
㉝決めつけ、独断がすぎる。
㉞他人にプレッシャーをかけておどす。
㉟正義について窮屈な考え方をする。
㊱トラブルを永久に続くものとして扱う。
㊲自分の偏見を神聖化する。
㊳誰かの身代わりになろうとする。
㊴スケープゴートを探す。
㊵妥協的な人間になる。
㊶試してみるのを怖がる。
㊷冒険心がない。
㊸結果ばかりを気にする。
㊹落胆して自信喪失する。
㊺お粗末な仕事でも通用すると考える。
㊻幸運をあてにする。

㊼別の選択肢を持たない。
㊽計画を立てない。
㊾あまりに長い間苦境に耐える。
㊿いつ退けばいいかわからない。
51すべてのことをカバーしようとする。
52力を集中しない。
53ある特定の成果に執着する。
54しきたりや規範を盲信する。
55理想が現実になると期待する。
56人生を、今どう見えているかで判断する。
57運命が決定的であると信じる。
58行動を起こすべきときに思い切ってしない。
59思い切って状況を変化させようとしない。
60危機的状況になるまで物事を放っておく。
61中心となる目的からそれる。

㉒起こってしまったことに抵抗する。
㉓いろいろ考えてみるということをしない。
㉔取らぬ狸の皮算用をする。
㉕最初のいくつかの失敗で動転してしまう。

この一般的な過ちのリストを読んでも、自分特有の悪い癖を自分で点検したり、ごく親しい人にチェックしてもらったりして何らかの手を打たなければ、何の役にも立ちません。

たいていの人は、自分がしくじりをしたと気づくと、エゴイスティックになって、自分で招いた窮地に腹を立てます。そして、その状況を招いたのが他人の愚かさであるかのように振る舞います。このような気分になると、他人に、なぜこの状況を解決しなければならないのか理解してもらおうともしません。自分の傷ついたプライドを脇に置いておく人は、物事のよい点と悪い点をすべて十分に検討して、すぐに計画変更のための協力を得ることができます。

なぜ自分が過ちを犯したのか理由をリストアップして、それを望ましい行動と比較してみましょう。もしそこに真実があれば、それがみずから語ってくれます。どんな場合でも、恐怖と怒りは捨てるように。それは誰にとってもよいものではありません。

ある意味では、これが困難にうまく対処するための基本です。困難を克服する第一歩は、抵抗をやめることです。困難は克服するためにあるのですから。たいていの人が、トラブルを乗り越えることではなく、トラブルそのものに注意を向けるという過ちを犯します。自問してみましょう。「このトラブルは何のためか？　私を悩ますために起こったのか、それとも私が成長と理解をするためには、これが必要だったのだろうか？」と。自分が受けるいわれがまったくないものを受けることは、めったにありません。

この事実を納得するには、自分にとってプラスになった、過去のトラブルを数えてみてください。そのおかげで自分がした成長がなかった方がよかったと思うか、自分自身に質問してみます。そして、今の苦しい状況によっても自分は成長するのではないか、と考えるのです。実際には、次に挙げることを覚えておくとよいでしょう。

《トラブルを扱う10の方法》

①トラブルが起こることに対して抵抗しないこと。面倒は、たいていの人にときどき起こる。
②苦境の原因となっている人たちに優しくすること。穏やかに受け止めることで、最悪の事態を避けることがでる。
③できるだけ早く問題に慣れること。慣れると物事が見えるようになる。
④厄介な経験から自分は何を学ぶ必要があるのか発見しようと努める。
⑤私たちは喜びだけでなく苦痛を通しても成長する。多くのジレンマは打開できないが、脱出することはできる。
⑥自分の状況がいかに面白く不思議で楽しくさえあるか、考えてみる。
⑦本当に自分が思っているほど動揺しているのか自問する。
⑧苦境についてユーモラスな面を見つけようとすること。どんなときでもそれはある。
⑨つねに、苦難をもたらした人や物に助けてもらうようにする。
⑩何が起ころうと、自他へのリスペクトはいつも無敵であることを忘れない。

第23話

危機に立ち向かうには

難局を乗り越える8つの方法

危機への対処の唯一効果的な方法は、正面からそれに立ち向かうことです。ほかのやり方は、妥協につながります。

妥協は、回避やその場しのぎと同じように、敗北を意味します。背を向けても、人生の大災害を避けることはできません。

テクノロジーが幅を利かす今の世の中にあって、私たちは最高の機械——人間の脳に対して新たな敬意を払う必要があります。脳の能力への信頼を新たにし、境遇を乗り越えていくために、どのようにしてそれを訓練すればよいか考えなければなりません。

自分が何に秀でているか、考えたことがありますか？　自動車事故で怪我をしたとします。車で通りかかった女性が助けてくれます。優しく、かつすばやく傷に包帯を巻いてくれます。彼女は看護師です。彼女は、技術を学び精神を鍛えて、傷ついた人びとを治療する力を身につけたとき、すでにあなたへの奉仕を始めていたのです。

彼女の他者に対する行動は、自身の成長によるものです。そして同じようにあなたも、自分の能力に気づいて強化し働かせるとき、想像力を解放し刺激し研ぎ澄ますとき、判断力を身につけ向上させ用いるとき、本来の自分になり、奉仕の準備をしているのです。

このような考え方は自己犠牲ではありません。これは真のリスペクトです。「身を捨ててこそ浮かぶ瀬もあれ」という気高い言葉は、自分の力を無気力にドブに捨ててしまうことを意味しているのではありません。美徳は善良さにあるのではなく、その善良さをなしとげる力にあります。弱い者にはリスペクトを続けることはできません。

　したがって、生きることの秘訣は、活力を保つことにあります。そしてそれを方向づける方法を見出すことこそが、長い時間をかけて学ぶべき課題です。このレッスンは、欲しいものを得ようと元気に泣く幼児期に始まります。認識の最初の要素である感覚によって、飢えや寒さ、お尻が濡れたことを知ります。

　人は快適さを求めます。親、兄や姉、家族からの助けを意識した自我が、要求を出すのです。これは正しいことで、自分でできるようになるまではそうすべきです。その後、自分のエゴは他人のエゴの要求に順応しなければならなくなります。長いレッスンが始まったのです。

　この自我の周囲への順応は、発達の問題、徐々に起こる〝気づき〟です。幸福になるには、目標達成のためにみんなが受け入れられる自由の尺度を見つける能力が必要です。このことを理解しないかぎり、私たちは、かんしゃくを起こした子供のように支配力を振るおうとするちっぽけなエゴイストになってしまいます。

《危機的状況に対処するための4つのルール》

①立ち止まって考え、それから思い切って行動しなさい。自分を克服のためのチャンスにしなさい。

②あなたの才能はただ一つの目的、使うことのために与えられています。人生の最大の秘訣は、「自分の心に耳を傾け、学ぶ」という一文に込めることができます。じゃまになる先入観はすべて捨てて、考えましょう。そのときは過去のことに引きずられないこと。現在の事実についての新しい考え、事実を見て聞いて触れて計算することに、知性のきらめきがあるのです。

③私たちは、あれやこれやが違っていさえすれば奇跡を起こせるのに、と何度思うことでしょう。そしてそれは本当です。あれこれの個人的なこだわりを捨てさえすれば、病的なエゴイズムを追い出せば、成功するでしょう。危機への対処は、自分の内部から始まります。

④開かれた心には、多くのことが警告として映ります。物事を深く考えない人にとっては、ヒューはヒュー、ドーンはドーンです。その意味に対して心が閉じられているのです。そういう人は現実には非現実的になって失敗します。多く

のことをあまりに手際よくやって、それが持つ意味を読むことができないのです。

大勢の人が私のもとへ指導を求めてやってきます。そのことが、彼らについてすべてを物語っています。あらゆることが、エゴイズムでは決して理解できないしるしで満ちています。秘訣は単純なことです。合わなくなった眼鏡を捨てるように、プライドを捨てるのです。現代科学が、因習やうぬぼれよりもよいレンズをつくってくれます。今大勢いる気難しい冷笑主義的な若者は、このことを覚えておく必要があります。あまりに多くの情報を知りすぎて、かえって肝心の生きる術については何も知らないということがあるのです。

順応するには、現実に触れることが必要です。人生を眺めるだけでなく、覗き込まなければならないのです。だから、物事に関心を持つだけの人は、決してそれを自由にできません。もっとも愚かなのは、事実を知っているのに、それが意味することがわからない人です。

不吉な意味を求める人は、そういう結論を導きます。真実は、事実そのものだけでなく、事実の傾向や流れ、動き、展開にあります。人生は決してじっとしていません。昨日は今日に変わります。行動を起こす動機が働いて物事を進めます。成功するかどうかは、この動的な流れにどう反応するかにかかっています。

昔の人は、「行動する前に考えよ」と忠告しています。今、私は、「考える前に感じなさい」と付け加えましょう。感情のない知性には力がありません。無数の理論について何年も思索しても、どれにも心を引かれないこともあります。成功するには、まずそれをしたいと強く望まなければなりません。情熱が決意に力を与えるのです。

目標がなければ、人は死ぬか、死んだも同然です。あまりに多くの無目的な知性があって道をふさぎ、前進を妨げています。そういったものに止められないようにしましょう。ここでもあなたは感じなければなりません。何かについて感じるのです。感情もなく動くということはありません。行動と情熱は本当はひとつで、同じものなのです。

自分の置かれた状況について何に腹が立つのですか？　自分の心をいら立たせる

ことをいくつか選んでみましょう。そしてそこを攻撃することにするのです。しかし、成熟した情熱から来る、あの揺るぎない平穏さを学ばなければなりません。幼稚な人は、攻撃的にくってかかり、大声を上げ、争います。けんかをする子供のように、脅したり騒いだりすることでなんとかしようとするのです。

十分に発達した怒りは静かです。死のように静かなのです。けんかしようという衝動は感じられません。計算をしています。言うことはそれほどありません。何かすることを探しているのです。怒りを抑えるのでなく、怒りを利用しましょう。正義によって導き、分別を教えるのです。でも耳を傾けてください。その声を聞くのです。どこで止めるべきか、どうやって制御すればいいかは、怒り自体が知っているのですから。

誰の胸にも英雄と臆病者がいます。どちらにもなれるのです。人はつき合っている仲間でどういう人間かわかり、何を嫌っているかによって愛されます。自分の臆病さに対して怒りを持てば、勇気が出てきます。

どんな場合でも、死体をまねるようなことをしてはいけません。寡黙《かもく》で強い人たちのことを聞いて、石のような冷たい尊大さに引きこもり、感情を氷のように冷たく麻痺させてしまう人もいます。しかし、物静かな努力と目立たない成功にも、陽気さと微笑があるものです。

一部の人がとる、何時間もの退屈な沈思黙考のポーズ、重々しく大仰な瞑想は、まったくの偽物です。偽物の天才は、黙って異様な行動をとることで、自分が知的だと自分で信じこむのです。判断は、それが本物なら、光のようにすばやいはずです。ジュピターは雷を落とし、稲妻を走らせます。時間ではなく秒単位にしましょう。「グズな聖人はモウロクした老人と同じ」です。

体をほぐして、機敏に知恵を働かせなさい。問題が深刻であればあるほど、動く必要があります。座ってじっと考え込むことのないように。立ち上がり、歩き回りましょう。腕を伸ばし、何度か胸いっぱいに息を吸い込みましょう。自動車が丘を登るときは、ガソリンが余計に必要です。一生懸命考えるときは、脳に大量の血液が必要です。論理的に考えることは、技術的な問題です。愚か者は、じっとしてさえいれば自分は考えているると思っているのだということを覚えておきましょう。機知は行動するときに働くのです。

言い換えれば、まるで脳をいくつも持っているように行動するのです。自信に満ちた人のやり方にならえば、みんなからそういう人だとみなされるでしょう。

これは、群衆と一緒に走り回らなければならないということではありません。大勢の人が動き続けていますが、ただやみくもに動きまわっているだけです。そわそわと動いていては、賢いことはできません。単に行動しているだけなら、から回りしているのと同じです。

したがって、考え抜いた目的に向かってだけ行動しなさい。何かを始めて、それを見守りなさい。それが動き出すとすぐ、生命の法則によって、創造的な力が与えられます。あなたは、それを助けることによって、自分を助けるのです。何かを始めて、それに注意を払いなさい。〝まるで〟自分が問題を解決しているかのように行動しなさい。そして、あなたにまとわりつく精神的な重荷を下ろすことにも成功する秘訣です。

《失敗の12の原因》

①お金が絶対的なものだと信じて、行動のために使うことができない。
②現在と過去の衝突、矛盾した結論により、とっくにすんでしまったことに人生

を台無しにされる。
③方針が対立して混乱し、進めなくなる。
④弱気になって、混乱状態を絶対的なものと受け止める。
⑤状況は変えられないと思い込む。
⑥〝困った状況〟になると、降参するのが習慣になっている。
⑦価値観の不一致からくる理想の対立。
⑧快楽と努力という信条の衝突。
⑨基本的に相性が合わないことからくる行き詰まりの状態。
⑩人間関係において成長の方向が相反することからくるストレス（自分はこっちに成長し、相手はあっちに成長する）。
⑪間違って受け入れた有害な環境からくる沈滞。
⑫恐怖と道徳的不安からくる心理的抵抗。

行き詰まったとき、変化を起こさせるために何もせず、二四時間そのままにするようなことがあってはいけません。

《間違った7つの前提》

①物事や状況が、自分にとってと同じように、他人にとっても重要であると思う。
②その困難にあったら、他人も自分と同じくらい苦しむだろうと考える。
③運命や世間が自分に不利に働いていて、〝陰謀〟のようなものが存在すると思いこむ。
④出口も答えもないと信じこむ。
⑤自分や他人が、自我の欲求も好みも持っていないと思う。
⑥大きいか小さいかは別として、自分を宇宙の中心に置く。
⑦真実はわかっていて、正しいか間違っているかは相対的ではなく絶対的なものだという考えを持つ。

■

《問題を起こす12の考え方》

①世間は自分を養う義務があると思っている。
②金儲けをする簡単な方法があると思っている。
③本当の意味での働く習慣をつけようとしない。
④いつも遊び疲れている。
⑤よく眠れる方法を身につけることなどできないと思う。
⑥自分がしょっちゅう困ったことになるのを他人のせいにする。
⑦自分は運に見放されていると思う。
⑧やってみないで、好機が来るのを待つ。
⑨努力して克服するより、ラクをしたいと思う。
⑩他人が自分の人生を支配するのを許す。
⑪他人の重荷を背負う。
⑫愛の誘惑で理性的な判断ができない。

もちろん、このリストを読んでも、その中に自分の人生にかかわることを見つけて、自分が置かれている状況を変えるために何か行わなければ、役に立ちません。どんな場合でも、少なくともトラブルの原因を探り出し、自分の人生を支配させないようにすることはできます。そうしようと思えばできます。立ち止まってそれについて考えてみればできます。必要な変化を起こすための方法をいくつも検討し、適当と思われる方法を選択すればできるのです。

トラブルを避けられるほどすばやく行動しなかったとしても、それでもまだとれる行動はあります。日々新たにチャンスが与えられる、ということを忘れないでください。

《すでに手遅れだったときの10の対処法》

①自分が過ちを犯したことをすすんで認める。
②決して誤りをしない人はいないということを思い出す。
③気づくのが間に合っていたらどうしたかを考える。
④起こってしまったことと、まだできることを比較検討する。

⑤状況を回復させるために何ができるか考え、計画を手直しする。
⑥それを実行する。――できるだけ効率的に計画を実行する。
⑦間に合っていたら得られたかもしれない結果を期待しない。
⑧もともと要求されていたのよりも大きな忍耐と我慢が必要だということを受け入れる。
⑨自分が躊躇《ちゅうちょ》したことを運命のせいにしない。
⑩時間をかけて困難を完全に解決するまで頑張ると誓う。

《やり抜くための8つの方法》

①現在に注意を向け続ける。
②問題について今できることをすべて行う。
③結果は成り行きにまかせる。
④すべてのトラブルに対し個人的感情に身をまかせない。

⑤〝虫の知らせ〟の導きに耳を傾ける。
⑥自分の才覚がうまく働くだろうと思う。
⑦五感を使い、見守る。
⑧行動し、つねに主導権を握る。

■

《厄介なトラブルに対する12の心得》

①問題が未知のものであればあるほど、解決法も変わったものになるはずである。
②きわめて困難な状況には、徹底的な手段が必要になる。
③自分で立証するまでは、トラブルが大きいと信じ込まない。
④人生の問題も、算数の問題のように計算が必要である。
⑤原因としてもっとも重要な「事柄」と「人物」の両方を見つける。
⑥困難を招いた人が故意にやったと決めつけない。心当たりがあってもそう思ってはいけない。

⑦わざとやったのではないことで相手を責めない。
⑧それをした人を責めないといっても、わるい行為をそのままにしてはいけない。
⑨問題の事実が誰を指し示していようと、直視する。
⑩友人にも家族にも天使はいないことを忘れない。私たちはみんな、ただの人間なのだから。
⑪病んだ体と病んだ心を、同じように優しく扱う。
⑫たいていのトラブルは、無知と無理解によって生まれる。先に進む前にその二つを除くこと。

■

《問題解決の5つの秘訣》

①問題のあらゆる側面をよく知ること。実際にその中にいるかのように、問題のそれぞれの部分に自分を入れてみる。自分が考えているすべてのことを見て、聞いて、触れて、自分の思考を完全に目に見える、十分に触れて感じることが

できるものにし、やり取りをドラマのように再現する。
②そうしたら、こうして現実化した各部分の間の関係を追う。ある部分や人物がほかの部分や人物とどのように影響を及ぼしあっているかを見る。
③自由連想からスタートして、重要なポイント一つひとつに関係する記憶の素材を自由に漂わせる。それから筋道立てて記憶をたどり、コントロールされた、あるいは論理的な連想を試みて、過去の経験からヒントを得る。
④この記憶の素材をグループ分けし、体系化する。
⑤実験的にいくつかの結論を定式化して比較すれば、きっと答えが見つかる。

ここで重要なことは、自分をごまかして、これからはすべてうまくいくなどと信じないことです。明日の難局に対処する準備をして、今日よりもうまくやらなければなりません。

■

第24話

もっとラクな生き方を見つけよう

人生をシンプルにする22の方法

あまり世の中には知られていませんが、あらゆるトラブルへの対処に共通する「基本原則」があります。

それは、どうすれば状況全体を変えられるかわかってくるまでは、数分以上、困難に意識を集中してはいけないということです。これは、医師が病気に対処し、外科医が負傷者を扱い、エンジニアが機械の欠陥を処理する方法です。頭に血を上らせて出来事自体に集中するのではなく、救急車を呼ぶ、出血を止める、支えや突っ張りを入れるといった「すぐにしなければならないこと」に集中するのです。

この客観的な対処という大原則の次にあるのが「起こったことを受け入れる」という原則と、それについて「感情におぼれない見方をする」という原則です。映画に行ったり、小説や冒険物語を読んだり、人の旅行談に夢中になるのは、ただ他人のトラブルのドラマに耳を傾けるためです。

代案なしに決断をしていけません。そうしなければならなくなるまでは、代案の方に移ってはいけません。代案を決めたら、銀行にお金を預けるように、いつでも使える状態で置いておきましょう。

トラブルに対処する練習をすれば、賢くなります。問題を扱うことによって、問題を解決することができるようになりますが、回避していては、解決する力はつきません。積極的な心、忙しく働く手、閉じた口が、奇跡をもたらすのです。一連の動きを考え出して、それを分析します。バラバラにします。自分でその弱点を明らかにしなければ、ほかに誰もしてくれる人はいません。

このことから思うのは、「ナインピンズのテクニック」のことです。問題を解決するときには、少なくとも九つの実行できそうな答えを考え出して、ちょうどボーリングのボールを転がすときのように、九つの答えに批判をぶつけて倒そうとしてみればうまくいくと、私は確信しています。どんなにひどい批判にも耐えて、まっすぐ立っている解決法を選ぶのです。そんなふうにすると、より多くの問題を解決することができます。それは、あまり重要ではないと思いがちだった考えが、最良の解決法であることが判明するからです。

真理はたいてい空のようなものです。上に広がっていますが、山を動かすことはありません。ひとかけらの実践的な知恵の方が、あらゆる哲学よりも力を持っています。トラブルに対処するときには、具体的に自分に聞いてみる必要があります。「何が悪いのか？　なぜこうなったのか？　どうすれば解決できるか？」と。これが知恵というものです。

「いつ始めよう？　どこから始めよう？　誰に助けてもらえるだろう？」これが常識のあるやり方です。自分が何を望んでいるかを知り、それと手に入れられるものとの距離を測ることによってのみ、望みのものを手に入れることができます。問題を解決していくスピードに合わせて、望みのレベルを上げていきましょう。ある瞬間に何を手に入れられるかは、相対的な問題です。それは、絶えず変化する状況を前にして、集中力、洞察力、手腕、粘り強さがあるかどうかによって決まります。

重要なことは、役に立つ方法を少しばかり知ることではなく、秩序だった考え方をする習慣を身につけることです。たとえば満足感を得たいと思うなら、バランスシートをつくってみるとよいでしょう。

《満足をもたらすものと悩みをもたらすもののバランス》

どんな状況にも、うれしくなるようなこととイライラすることがあります。そういったものへの反応はきわめて個人的で、それは当然のことなのです。あなたが好きなことを、ほかの人は嫌いかもしれません。それはその人の問題です。

たいていの場合、あなたにとっても相手にとっても十分満足できる地点がありま す。自分を満足させてくれるものを発見し、選びなさい。それが増えるようにしなさい。悩ませるものは避け、捨てなさい。そういったものに幸福を破壊されないようにするのです。自分は一人でいるのが好きなのに、パートナーは人づき合いが好きという場合があるかもしれません。パートナーには交際を楽しんでもらって、しかしその人たちがあなたのプライバシーを侵害するのは許さないと言いましょう。

《接触を繰り返す》

物事を行う回数が多いほど、それをたやすくできるようになります。困った状況の中で自分が恐れていることと接すればするほど、それに対する恐怖は小さくなります。

自分を不安にさせ、もっとも容易に扱えると思うことをいくつか選びます。それとの接触を繰り返します。これを続けます。しだいにこの接触を深く広くして、難しいことも含めるようにします。こういう調子でやれば、もっとも難しい部分も克服することができます。

《意見に惑わされない》

たいていの人の思考は、気がつかないうちに他人の影響を受けた愚かな考えに色づけされています。みんな、トラブルの渦中にある人の耳に、たわ言を吹き込むのが大好きです。自分につきまとっている悩みの種を追い払えばホッとするので、誰かに意見を求められたときに、憂《う》さを晴らすのです。

このような心の毒から自由になるには、状況について自分自身で慎重に考え抜いたら、もう他人のたわ言の影響を受けないようにすることです。しかし従うのは、その一部を実際に試して確認してからにしなければなりません。

《点検する》

漠然とした考え、のぼせ上がった考え、ばかげた考えが、人間の頭痛の半分を占めています。現実に何も具体的な基礎を持たない理論が、大勢の人びとを混乱させます。ときどき立ち止まって、自分がどこへ行こうとしているのか、何をしているのか、誰が自分にイライラと粗暴な振る舞いをさせているのかはっきりさせましょう。現状を点検するという単純な行動は、実際にはほとんど行われていませんが、知的に生きるためには欠かせないことです。

《ソクラテスの方法》

この古代ギリシャの哲学者は、うんざりするような人でしたが、家にやってきて朝から晩までおしゃべりするような人ではありませんでした。ソクラテスは人の述べたことに対し、錐《きり》で穴を開けるように質問して、その底に何があるのか追究しました。そして自分自身の考えについても、同じ問いつめる手順を取るようこころがけました。

自分が考えていると思っていることの約三〇パーセントは、考えていると思っているとおりのことです。しかし残りの七〇パーセントは、まったく違う感情的なことが基になっています。あなたの願望や信念はたいていかくれんぼをしています。内面の事実を突き詰めていかなければ、誰でもだまされてしまいます。

《書き留める》

ひょっとしてあなたが天才なら、この忠告は必要ありません。しかし、世紀の偉人でないかぎり、問題を頭の中だけで考え抜いて解決しようとしない方がよいでしょう。とくに午後一〇時を過ぎたら、どんな問題についても考えてはいけません。

わかったことをすべて、大ざっぱに書き留めましょう。ほんのメモ程度でよいのです。それを何らかの基準で整理します。たとえば重要でないことを一方に、重要なことをもう一方にといった具合にします。そうしたらトラブルを、五人のまったく違う人がそれを語ったらどうなるか想像します。そのときその五人の中に、自分が好きではない人や、自分に賛成してくれない人も含めておきます。そうしたら、この頭の中の新しい考え方と、書き出した事実によって、問題に取り組みます。

《事実を集める》

トラブルを誤った方法で扱う場合の半分以上は、事実をよくわかっていないのに行動することからきています。わかっているポイントとよくわからないポイントをすべてリストアップする習慣をつけ、どうすれば必要なことがわかるか考えましょう。必要なことの六〇パーセントがわかったら、先へ進みます。残りは、やっているうちにわかってきます。

《さらに事実を集める》

どこの町にも図書館があります。そこには百科事典、大量の参考文献、辞書、地誌、教科書、そのほかあらゆる種類の本があって、〝現実の思考〟をしてくれます。

しかし不思議なことに、そのことを覚えている人はわずかしかいないのです。

何年か前に、三人の男が、ある遠くの町で家を建てるための土地を探すことにしました。一人目の男は、始発列車で行きました。そして二八五ドルも使ったあげく、がっかりして戻ってきました。二人目の男は、夏じゅういくつもの町を歩き回りましたが、どうしたらいいかわからなくなりました。三人目の男は、図書館に行って、地理の本や百科事典を読み、地図、気象や産業についての報告書を詳しく調べました。そしてその町の役場にデータを送ってほしいと手紙を書きました。彼は数日のうちに、ほかの男たちなら数年かかっても明らかにできない多くのことを知ることができました。そして調査にかかった費用は一・八七ドルでした。なぜ知っているかというと、私がその三人目の男だからです。

《自由連想》

あらゆる人の思考のうちで最高のものは、霊感的なひらめきです。人の知性はそれには及ばないかもしれませんが、考えを集めればかなり役に立ちます。

トラブルに直面して犯す、もっともよくある過ちは、次の四つです。

①考えずに衝動的な行動をとる。
②よく調べずに直感的な〝虫の知らせ〟に従う。
③論理的だが不適当な考えを実行する。
④行動することを恐れて何もしない。

直感的な印象を誘うようにしなさい。〝虫の知らせ〟がしたら、それを聞きなさい。そしてそれについて、静かに論理的に考えるのです。それが健全な瞑想です。

《対にして比較する》

人は、混乱した無秩序なやり方で、問題についてああでもないこうでもないと考える間違いを犯すものです。たとえばある若い女性が、ボーイフレンドのうち誰がいちばん好きで、それはなぜか知りたいと願っています。彼女はボーイフレンドを整然と比較して、ヘンリーの想像力とジョンの創造性と対比して判断するでしょうか？　全然そんなことはしません。ぼんやりと二人を一緒くたに考えるのです。

苦境に陥って先が見えないときは、各行動方針の似ている点を書き出し、比較しましょう。次に、よい点悪い点を数え上げて、判断します。

《捨てる術》

人はたいてい、多すぎる荷物を担いで、人生という旅をしています。もはや必要ないものにまで執着しているのです。悩んでいるときは、何もかも必要最小限のところまで減らしましょう。どの価値観を放棄することができるか、もう頑張らなくてもいいところはどこか、そしてどうすれば困難を小さくできそうかを考えるのです。ある女性が、自分は結婚していないからとても不幸だと思っていました。自分が〝愛されない女〟だという考えを捨て、友人たちの結婚生活がどんなものか考えたら、彼女の悩みは消えました。

《活性化させる要因》

どんな状況にも、トラブルを起こし、それを持続させる「事」、「人」、「環境」がそれぞれひとつはあるものです。これが「活性化要因」です。どんな場合でも、これを見つけるのがもっとも重要なことです。それを見つけて阻止すれば、問題を掌握できます。
戦争の活性化要因はたいてい経済的貪欲さです。これを認識し、断固として対処すれば、戦争は起こらないでしょう。トラブルを大きくするのは、人びとの憎しみではなく、人びとの愚かさと怠惰です。

《7つのステップからなる思考手順》

どんなトラブルについて考えるときでも、人が従うべき非常に重要なステップがいくつかあります。

第①ステップ：その状況で起こっていること、すなわち事実を検討し整理する。
第②ステップ：この状況に至らせた原因あるいは力を探す。
第③ステップ：原則、すなわちその問題の一般原理を見出す努力をする。
第④ステップ：そのジレンマにかかわっているすべての人を書き出し検討する。
第⑤ステップ：その問題に関係する場所や事物をリストアップする。
第⑥ステップ：ジレンマにもっとも重要な影響を及ぼしている人または事物を特

定する。

第⑦ステップ：それについて、いつ事を起こすか決める。

《調和点》

完璧な答え、完璧な解決策、何も失わないで大きなものを得ること、悪がまったくない善、失敗のない勝利はありえません。つねに正しいことを行うのは不可能です。人間にはできません。できるのは、最善を尽くすこと、すなわち正しいことと間違ったことの調和点を見出すことだけです。ときには、大きな間違いを避けるために、故意に小さな間違いを犯さなければならないこともあります。大きな善を成すために、小さな悪を選択することもあります。不誠実だと思って結婚しないよりも、両親への配慮はほどほどにして、愛する人と結婚する方がよいのです。

《バランスポイントを引き上げる》

たいていの人は、人生や自分のトラブルについて、妥協した考え方をしています。それは、あらゆる可能性や出来事を一緒くたに見ようとしているからです。そんなことではうまくいくはずはありません。

自分の望みを一枚の紙に書き出してみましょう。そして、別の紙に自分の限界を書きます。どちらのリストも修正してはいけません。ありのままに書きます。それから三枚目の紙に、釣り合いの取れるバランスポイントを書きます。各項目を検討して、今年は自分の望みをいくつ達成できると思うか書くのです。毎年、このバランスポイントを引き上げる計画を立てましょう。

《借金にも意味がある》

たいていの場合、自分の手足を使い、骨を折り、話し、何でも自分でするのは愚かなことです。自分のために働いてくれる道具を使うのが、近代的なやり方です。庭の土を手でひっかいたりせずに、鋤《すき》を使うのです。もっと個人的な目的を遂げるためにも、同じように道具を使いなさい。

あるとき、金持ちの甥《おい》が、中西部へ引っ越していきました。叔父が「ときどきお金を借りて、期日には返しなさい」と助言しました。「なぜですか?」と甥が尋ねました。「おまえが誠実なことを人にわからせるためだよ。そうしないとわからないじゃないか」

《「かのように」哲学》

振る舞い方は、感じ方や考え方に影響を及ぼします。理性は、どう振る舞うかを計画するためにあります。意志力は、計画を実行するためにあります。まぬけのように行動すれば、すぐにそのような気持ちになります。落ち着いた態度と断固とした行いは伝染します。すぐに冷静に考え、勇気を持って実行するようになります。難局に陥ったときにどのように行動するか、パーソナリティ・プログラムをつくっておきましょう。そしてそれをやり通すのです。自分の望むことが本当である〝ふり〟をすれば、それは首尾よく本当になるかもしれないということを忘れないでください。

《怒りに恐怖を破壊させる》

困難が生じて恐怖でどうにもならなくなったら、トラブルの中で怒りを感じることをいくつか探しなさい。激しい怒りが生まれるまで、それについてじっと考えるのです。恐怖は消えるでしょう。あるいはトラブルについて疑問に思いなさい。好奇心を解放するのです。恐怖は弱まるでしょう。ある女性がつまらない男にのぼせていました。しかし、彼が本当はどんな人間かについて興味を持ち始めると、すぐに彼へのロマンティックな恋心は失せてしまいました。優勢な感情はつねに、それより弱い感情を打ち消します。

《変化の力》

何ごとも、誰でも、変化しています。あなたのパートナーが、もう二〇年もすれば今の半分も愚かでなくなっている可能性だってあります。パートナーは成熟しつつあります。ゆっくりとではありますが。

問題にすべきことは、今の彼や彼女に耐えられるかということではなく、彼や彼女が成長する見込みがあるかということです。今のパートナーを、あなたの理想像と比較してはいけません。そんなことをすれば、ひどくイライラするのがおちです。彼や彼女がどれくらいの速さで変化するか見ていましょう。何かを推測する唯一の方法は、変化を測ることです。

《ダイヤモンドと土砂》

南アフリカでは、人びとはダイヤモンドを求めて地面を掘ります。爪ほどの大きさもない小さな石を見つけるために、何トンもの土を動かします。抗夫はダイヤモンドを探しているのであって、土砂を探しているわけではありません。宝石を見つけるために、土砂をすべて掘り出すつもりなのです。

日常生活では、人びとはこの原則を忘れて、ダイヤモンドより土砂の方が多いといって悲観的になります。苦難に見舞われたとき、悪い面を見て恐れをなさないでください。よい面を探して掘り出すのです。それは、どんなに大量の土砂を除く必要があろうが問題にならないほど、大切なものです。

《イメージするための「言葉遊び」》

問題に何の明かりも見えないときは、大切なこと一つひとつについて、慎重に反対の言葉を選びます。それからその言葉をつなぎ合わせて、どうなるか見ます。この方法はいつでも、頭をはっきりさせてくれます。

たとえば、私はかつて肖像画家になりたいと思っていましたが、ちゃんと食べて生きていきたいとも思っていました。私は「肖像画を描く」という言葉に「ソーセージ」、そして「スパッツ」→「くだらない話」→「屋根裏部屋」→「うめき声」と言葉をつないでいきました。すると心に鋭い痛みが起こりました。私は、スパッツをつけてくだらない話をしながらソーセージ屋の女房たちの絵を描いて過ごすのは嫌だと思いました。絵を描きながら、屋根裏部屋で不満のうめき声を上げることになるでしょう。こうした言葉遊びが、よりリアルに自分の人生をイメージ化させてくれます。

《実験を続ける》

人類が何世紀もの間にとげた重要な進歩はみな、それを実験した人びとのおかげです。あなたも私もそれは知っています。ときどき、なんとなくそれを思い出します。しかしトラブルに直面したときは、賢明で、信頼でき、注意深い実験をすることはめったにありません。それどころか、イライラして短気になるのです。

実験を続けて、その状況を構成している要素をいろいろ変えてみましょう。人びとの反応をあれこれ試してみるのです。トラブルというジグゾーパズルを積極的にいじると、びっくりするほどぴったりと物事が納まるものです。

《助けを求める》

ある株のブローカーが財をなしたのは、ウォール街での仕事によってではなく、郵便切手と便箋と封筒、そして時間がいくらかありさえすればできる、簡単な方法によってでした。彼は生涯、さまざまな助けを求める手紙を毎日何通も出しました。すべての人が彼を知っていたわけではありませんし、彼も手紙を書いている相手をすべて知っていたわけではありません。しかし彼が返事をもらう率はとても高く、いつも人びとは彼のために何かをするのでした（ちなみに、彼も彼らのために何かをしました）。

彼は、一日五通ほど出すことにしていました。私もそんな手紙を二通受け取りましたが、彼が私にしてほしがっていたことはとても簡単で、私がするのが適当だという気がしました。

あとで彼に会ったとき、どうして私に書くことにしたのか尋ねました。そのとき彼が、この簡単な秘密を説明してくれたのです。

そして今、私は彼の承認を得てここに書いています。明らかに彼の方法はうまくいきます。私の助けを得て彼は本を出し、それがベストセラーになったのですから。

そして別の人は別のやり方で彼を助けました。彼の方法が失敗しないのは、それが一方的でないからです。彼に助けを求めれば、彼はいつでも助けてくれます。「求めなさい。そうすれば、与えられる」という知恵のよい見本です。

◉著者について

デヴィッド・シーベリー David Seabury

アメリカ人医師（医学博士）であり、臨床心理学博士。1000名を超える相談者・患者の臨床事例から誰にでも応用できる普遍的な人生への対処法を導き、著書を通じて多くの人びとを導いてきた。邦訳書に『人生は心配しないほうがうまくいく』『自分が好きになる生き方』（三笠書房刊）等がある。

◉訳者について

菅原明子（すがはら あきこ）

1976年東京大学医学部疫学教室にて博士課程修了。保健学博士。「菅原研究所」代表。マハリシ国際大学社会心理学科客員教授。食育・健康教育、マイナスイオン科学の第一人者として研究、執筆、講演活動などに国際的な活動を繰り広げている。

訳者ＨＰ／www.suga.gr.jp/

リスペクト!
自分も他人も大切にする生き方24話

◉著者
デヴィッド・シーベリー

◉訳者
菅原明子《すがはらあきこ》

◉発行日
初版第1刷　2006年 11月30日

◉発行者
田中亮介

◉発行所
株式会社 成甲書房

郵便番号101-0051
東京都千代田区神田神保町1-42
振替00160-9-85784
電話03(3295)1687
E-MAIL　mail@seikoshobo.co.jp
URL　http://www.seikoshobo.co.jp

◉印刷・製本
中央精版印刷 株式会社

Printed in Japan, 2006
ISBN4-88086-206-1

定価は定価カードに、
本体価はカバーに表示してあります。
乱丁・落丁がございましたら、
お手数ですが小社までお送りください。
送料小社負担にてお取り替えいたします。